Inhalt

Andreas Hock

Wenn du mich frägst, macht das in keinster Weise Sinn!

Von der deutschen Sprache ihrem Niedergang

Bibliografische Information der Deutschen Nationalbibliothek
Die Deutsche Nationalbibliothek verzeichnet diese Publikation in der Deutschen Nationalbibliografie. Detaillierte bibliografische Daten sind im Internet über http://dnb.d-nb.de abrufbar.

Für Fragen und Anregungen:
info@rivaverlag.de

Originalausgabe
1. Auflage 2017

© 2017 by riva Verlag,
ein Imprint der Münchner Verlagsgruppe GmbH
Nymphenburger Straße 86
D-80636 München
Tel.: 089 651285-0
Fax: 089 652096

Redaktion: Antje Steinhäuser
Umschlaggestaltung: Isabella Dorsch
Umschlagabbildung: Grafissimo/iStockphoto.com, sl_photo/Shutterstock.com
Satz: Carsten Klein, München
Druck: GGP Media GmbH, Pößneck
Printed in Germany

ISBN Print 978-3-7423-0251-9
ISBN E-Book (PDF) 978-3-95971-708-3
ISBN E-Book (EPUB, Mobi) 978-3-95971-709-0

Weitere Informationen zum Verlag finden Sie unter

www.rivaverlag.de

Beachten Sie auch unsere weiteren Verlage unter www.m-vg.de

Vorwort

Vielleicht kennen Sie das Gefühl: Radiohören kann – ganz unabhängig von etwaigen sprachlichen Unzulänglichkeiten – bisweilen ein großes Ärgernis darstellen. Steht man beispielsweise in einem zwanzig Kilometer langen Autobahnstau aufgrund einer Totalsperre nach einem Lastwagenunfall und muss Lieder wie »Drive« von den Cars, »Life is a Highway« von Tom Cochrane oder »On the Road again« von Willie Nelson über sich ergehen lassen, dann braucht man schon eine ganze Menge Selbstbeherrschung, um nicht unmittelbare Gewalt gegen das Empfangsgerät anzuwenden. Dasselbe gilt für Situationen, in denen nahezu pathologisch gut gelaunte Moderatoren, die heutzutage selten eine Morgensendung, dafür aber umso häufiger eine »Morning-Show« moderieren, von Agenturen zugelieferte Witze erzählen, während man im morgendlichen Pendelwahnsinn bei Schneeregen hinter einem Streugutfahrzeug hertuckern muss.

Nun sind die Sender, beziehungsweise deren Entscheidungsträger, natürlich nicht für einen möglicherweise unpassenden Moment verantwortlich. Doch auch die fortschreitende Digitalisierung des Rundfunks, die es sogar dem Besitzer eines fünfundzwanzig Jahre alten Fiat Uno mit einer Viertelmillion Kilometer auf dem Tacho zumindest theoretisch ermöglicht, in Berchtesgaden den »Offenen Kanal Lübeck« rauschunterdrückt und glockenklar zu empfangen, kann nicht darüber hinwegtäuschen, dass die meisten der bundesweit über vierhundert zugelassenen Stationen denselben belanglosen Mist spielen.

Aber warum erzähle ich Ihnen das? Nun, auch ich saß an einem trüben Freitagnachmittag vor einigen Jahren in meinem Wagen und navigierte mich ebenso entnervt durch den Berufsverkehr wie durch die Speicherliste meines Autoradios. War ich etwa dem neuen Titel von Justin Bieber gerade noch durch einen beherzten Druck auf die Programmwechseltaste entkommen, landete ich stattdessen wahlweise bei Miley Cyrus, Taylor Swift oder erneut bei Justin Bieber, wenn auch der junge Mann nun ein anderes Stück als soeben bei der Konkurrenz zum Besten gab. Nach weiteren verzweifelten Versuchen, dem gerade so angesagten wie austauschbaren, vorwiegend englischsprachigen Popmusik-Einerlei zu entkommen, erwischte ich durch Zufall einen Sender, in dem etwas Außergewöhnliches vor sich ging: Es wurde, ich konnte es kaum glauben, ernsthaft und ausdauernd geredet!

Mitten auf der hoffnungslos überlasteten Stadtautobahn geriet ich in eine unüberhörbar emotional aufgeladene Debatte über unsere Sprache. Gespannt wartete ich, ob das Gespräch zwischen einem Schriftsteller, einem Historiker und einem Germanistikprofessor durch das übliche, belanglose Hitparaden-Gedudel unterbrochen wurde, aber das war erstaunlicherweise nicht der Fall. Und so durfte ich eine geschlagene Stunde lang einem recht interessanten Diskurs darüber lauschen, ob unser gegenwärtiges Deutsch nun dem Untergang geweiht war oder noch Hoffnung bestand. Am Ende der Sendung herrschte weitgehend Einigkeit über Ersteres, und der Moderator verabschiedete sich mit dem Schlusssatz, dass dies eine Sondersendung anlässlich des morgigen »Tages der deutschen Sprache« gewesen sei. Ein Tag, von dem ich noch nie in meinem gesamten Leben gehört hatte.

Mit all den Aktions- und Gedenktagen war dies ja ohnehin so eine Sache: Ich wusste zwar aufgrund der Vorliebe meiner Frau, dass es immer im August einen »Weltkatzentag« gab. Ab und an las ich auf den letzten Seiten meiner Tageszeitung von einem »Tag des Wasserspülklosetts«, einem »Internationalen Tag der Handtasche« oder dem »Glühbirnenaustausch-Tag«. Es gab schlimme Krankheiten wie Krebs, Diabetes oder AIDS mit eigenen Gedenktagen und nach Ländern unterteilte Vorlieben, die an bestimmten Tagen zelebriert wurden – wie den schwedischen »Tag der Zimtschnecke«, den »Tag des Eierkuchens« in Frankreich oder den »Dan Kravate«, den kroatischen »Krawattentag«. Von einem »Tag der deutschen Sprache« aber, der immerhin seit 2001 an jedem zweiten Samstag im September begangen wurde, wusste und las ich noch nie etwas. Und weil ich davon ausging, dass ich mit dieser Wissenslücke nicht alleine war, wurde ich traurig. Ich fand, dass es sich hierbei im Gegensatz zum »Welttag der Schwertschlucker« (am jeweils letzten Samstag im Februar) um einen sehr sinnvollen Aktionstag handelte. Und diese Sinnhaftigkeit musste umso mehr betont werden, wenn man sich einfach nur mal in seiner näheren Umgebung umschaute und umhörte.

Nachdem die Sendung vorüber war, fielen mir plötzlich all die sprachlichen Anspruchslosigkeiten und entsetzlichen Wortgebilde auf, die alleine entlang meines restlichen Heimwegs auf mich und andere anspruchslos gewordene Endverbraucher lauerten und denen ich vorher längst keine Beachtung mehr geschenkt hatte. Ich las auf großflächigen Plakaten von einem »Maximum Taste«, den man offenkundig erlebte, wenn man nur Pepsi-Cola trank. Ich musste mir Renaults »Créateur d'Automobiles« im Geiste übersetzen, um zu begreifen, dass da ein Automobilbauer allen Ernstes mit dem Wort »Automobilbauer« für sich warb. Und ich wunderte mich, warum die deutsche Lufthansa mitten in Deutschland damit prahlte, dass es »No better Way to Fly« gäbe, obwohl man mit ihr doch einfach »auf eine bessere Weise fliegen« hätte können. Mein Blick fiel auf Schilder von »Back Shops«, »Handy Stores«, »Designer Outlets«, »Hair Companys« oder »City Pubs«. Schlussendlich fuhr neben mir noch ein Lieferwagen mit örtlichem Kennzeichen, auf dessen Heckklappe der Spruch »From Store to Door« gedruckt war und der dann an der Ausfahrt zum »International Convention Center« unserer Stadt rechts abbog.

Zu Hause musste ich nachforschen, was es mit diesem »Tag der deutschen Sprache« auf sich hatte. Ich stieß auf gleich mehrere Initiatoren, die es sich zum Ziel machten, das Bewusstsein für unsere Muttersprache wieder zu stärken. Es ging ihnen darum, dass man nicht jeden sprachlichen Unsinn unkritisch übernehmen sollte, dass man zumindest die grundlegendsten Schreibregeln nicht vergaß und dass man wieder etwas mehr Augenmerk auf eine gepflegte Ausdrucksweise legen möge. Dabei stellte ich fest, dass ich mich rein sprachlich gesehen keinen Deut besser verhielt als die meisten anderen meiner Mitmenschen: Ich sah meine E-Mails durch und bemerkte einen erschreckenden Verzicht auf die Unterscheidung von Groß- und Kleinschreibung. Auch verwendete ich gedankenlos dutzendfach englische Begriffe in meinem Wortschatz und holte mir gelegentlich, ohne mich über die Bezeichnung zu ärgern oder auch nur darüber nachzudenken, ein Mietfahrrad bei »Rent a Bike«, wenn ich keine Lust hatte, mit der »Tram« zu fahren, wie unsere Straßenbahn auf den offiziellen Hinweisschildern genannt wurde, was mir gar nicht aufgefallen war. So konnte es nicht weitergehen.

Am folgenden Tag, dem eigentlichen Aktionstag, bemühte ich mich nach Kräften, meine Sprache zumindest diesem feierlichen Anlass entsprechend von Anglizismen und ähnlichem Lingualmüll zu befreien, was mir natürlich nur unzureichend gelang. Das stellte ich schon beim ungefähr dritten oder vierten »Okay, cool« meinerseits fest, und erst danach zwang ich mich, schlicht »Jawohl« zu sagen, wenn ich meinem Gesprächspartner zustimmen wollte. Auch boykottierte ich leider für die dringend benötigte Autowäsche weder den örtlichen Anbieter

»Mr. Wash«, noch verzichtete ich anschließend auf den »Refill« meines »Coffee to go«, weil ich so müde war. Und auch die »Customer-Hotline« meines »Handy-Providers« rief ich am Nachmittag notgedrungen an, weil mein Mobiltelefon wieder einmal abspackte, wie man heutzutage zu sagen pflegte, wenn ein technischer Defekt vorlag. Immerhin verweigerte ich am Abend den »Blockbuster« auf Pro7, aber nur, weil wir bei Freunden zum Essen eingeladen waren.

Alles in allem schien es kein Wunder, dass der »Tag der deutschen Sprache« versandete. Unabhängig von der Allgegenwart der sprachlichen Beliebigkeit um uns herum gab es in meiner Heimatstadt keine Veranstaltung, keinen Zeitungsartikel und keine sonstigen Aktionen, die ein paar mehr Menschen Sinn und Zweck dieses eigentlich dringend notwendigen Tages hätten vermitteln können. Stattdessen las ich in der Lokalpresse einen ausführlichen Bericht über den Welt-Mettbrötchen-Tag, samt eines dazugehörigen Ratgebers, wie man Mett am besten im Kühlschrank aufbewahren sollte.

Also beschloss ich, ein Buch über das Thema zu schreiben – über die Sprache, nicht über die Mettwurst, versteht sich. Immerhin war ich Journalist und als solcher doch beruflich gewissermaßen mit meiner Muttersprache verwachsen. Und so entstand *Bin ich denn der Einzigste hier, wo Deutsch kann?*, dessen Fortsetzung Sie nun in den Händen halten. Ich schreibe das deshalb an dieser Stelle, weil mich der, nun ja, durchaus erfreuliche Erfolg des Büchleins einerseits dahingehend beruhigt hat, dass es doch noch einige andere Sprachinteressierte zu geben schien, die nicht alle Entgleisungen klaglos hinnehmen wollten. Andererseits hat sich, das muss man leider sagen, der Zustand unserer Sprache seitdem nicht wirklich verbessert. Und so erscheint die Zeit reif für dieses zweite Buch, in dem ich nicht versäumen möchte, darauf hinzuweisen, dass die nächsten »Tage der deutschen Sprache« am 8. September 2018, dem 14. September 2019 sowie dem 12. September 2020 stattfinden. Vielleicht tragen Sie sich diese Termine ja mal vorsorglich in den Kalender ein.

Sie müssen übrigens nicht den ersten Teil gelesen haben, um die folgenden Seiten zu verstehen. Die hier geschilderten sprachlichen Missgriffe stehen allesamt für sich, und wenn Sie nach der Lektüre immer noch keine Magen-, Kopf- oder Ohrenschmerzen haben von all den gedankenlos verwendeten Anglizismen und anderen linguistischen Irrungen unserer seltsamen Zeit, dann dürfen Sie sich gerne den Vorgängerband ebenfalls zulegen. Ich würde mich darüber freuen! Und es wäre schön, wenn sich noch ein paar Menschen mehr für die Pflege unserer deutschen Sprache begeistern würden; der Sprache, die einmal die der Dichter und Denker war. Gedichtet wird zwar noch immer, mit dem Denken jedoch sieht es oft nicht mehr ganz so rosig aus.

Nicht, dass man sich des Deutschen eines Tages am 21. Februar entsinnen muss, dem sogenannten »Welttag der Muttersprache«. Der wird seit einigen Jahrzehnten von der UNESCO organisiert, die anlässlich dieses Datums immer wieder besorgt darauf hinweist, dass gegenwärtig rund die Hälfte aller weltweit gesprochenen Sprachen vom Verschwinden bedroht ist. Soweit ist es bei uns glücklicherweise noch nicht. Aber wenn dem einst so sein sollte, dann tröstet uns vermutlich auch keine Zimtschnecke, kein Eierkuchen und schon gar kein Mettbrötchen mehr.

Nürnberg, im Sommer 2017

Weil ein Schweizer eine folgenschwere Idee hatte

Die erste Deutschlehrerin meines Lebens hieß Frau Baumgart. Sie trug nicht nur einen stets korrekt gebügelten, dunkelgrauen Faltenrock und die Verantwortung dafür, dass ich und die anderen neunundzwanzig Kinder meiner Klasse baldmöglichst eine weitgehend fehlerfreie Rechtschreibung erlernten. Sondern sie war auch zuständig für Heimat- und Sachkunde, Rechnen, Kunsterziehung, Religion und Musik. Lediglich in Sport unterrichtete uns Frau Schmidt-Rudloff, weil Frau Baumgart schon etwas älter war und einige Probleme mit der Hüfte hatte. Angesichts dieser im wahrsten Wortsinne Mehrfachbelastung unserer Universalerzieherin grenzte es an ein Wunder, dass wir alle zum Ende der zweiten Klasse mehr oder weniger fehlerfrei dazu in der Lage waren, einen richtigen Brief an unsere Eltern zu verfassen, wie es uns Frau Baumgart als Abschlussaufgabe auftrug. Ich hatte zwar keinen rechten Spaß am Briefeschreiben, aber bis auf ein oder zwei kleine Unzulänglichkeiten war das Ding tadellos. Das zumindest stand in roter Tinte darunter, was mich und meine Eltern sehr stolz machte und mir als Belohnung ein »Lustiges Taschenbuch« einbrachte.

In diesem Brief hatte ich Papa so geschrieben, wie es gehörte: mit einem harten »P« wie Paula am Anfang und natürlich in der Mitte, obwohl in meiner Heimat Franken überhaupt keine harten Konsonanten zu existieren schienen. Auch die anderen Wörter hatten so ihre Tücken, sie hörten sich teilweise ebenfalls etwas anders an als sie auf dem Papier aussahen: Dieses dämliche Dehnungs-H zum Beispiel ließ sich beim besten Willen nicht wahrnehmen, und auch der ordnungsgemäße Gebrauch des scharfen S war mir ein einziges Rätsel. Aber darüber dachten wir Kinder nicht weiter nach, denn das waren nun mal die Regeln, die es einzuhalten galt – warum auch immer. Wir und auch unsere Klassenlehrerin konnten nicht ahnen, dass wir eine der letzten Generationen waren, die noch richtig schreiben lernten.

Ein paar Hundert Kilometer südwestlich meiner Heimatstadt braute sich beinahe zeitgleich zu meiner Grundschulzeit gehöriges Unheil zusammen. Schon einmal, vor rund hundert Jahren, hatte es einen verschrobenen Orthografie-Aktivisten gegeben, der sich die Vereinfachung der Rechtschreibung zu einer seiner Lebensaufgaben gemacht hatte. Carl Gustav Adolf Nagel hieß der seltsame Mann, der zu Beginn des 20. Jahrhunderts als Wanderprediger auftrat, sich streng vegetarisch ernährte, eine eigene Partei gründete und seinen Namen in »gustaf« änderte, weil er Großbuchstaben am Anfang eines Wortes ebenso unnötig fand wie das V an sich. Er wurde zwischenzeitlich vom Amtsgericht entmündigt, heiratete drei Mal, und trat, zum Höhepunkt seines fragwürdigen Schaffens, mit seiner »kristlichen folkspartei« bei der Reichstagswahl 1924 an, bei der er auf 0,01 Prozent der Stimmen kam, was nicht einmal in der Weimarer Republik für ein Mandat reichte. Danach wurde es ruhig um gustaf nagel, die Nazis ließen ihn erst verhaften und später wieder frei, und 1952 starb er vereinsamt in der Nervenheilanstalt Uchtspringe.

Man sollte also meinen, dass das wissenschaftliche Erbe dieses Sonderlings in Vergessenheit geriet, aber dem war nicht so – im Gegenteil. Der Schweizer Pädagoge Jürgen Reichen machte sich zwei Jahrzehnte nach dem Tod Nagels eine von dessen Grundideen zu eigen, die vorsah, den Unterricht in den Schulen konsequent zu deregulieren. Es war die Zeit, in der die Philosophie einer antiautoritären Erziehung die Gesellschaften Europas erreichte: Wer seine Kinder zu sehr forderte, wer gar starre Richtlinien aufstellte und auch noch auf deren Einhaltung pochte, der galt plötzlich als reaktionär und behinderte praktisch sämtliche Entwicklungsmöglichkeiten und jegliches Kreativitätspotenzial junger Menschen. Etwas plump übersetzt bedeutete das, dass nun jedes Kind machen konnte, was es wollte.

Dieses Prinzip wollte Reichen auch auf die Deutschstunde übertragen. Er entwickelte zunächst das Konzept »Lesen durch Schreiben«, wonach die Schüler lernten, die Laute der Wörter herauszuhören und sie anhand einer eigens entwickelten Tabelle den einzelnen Buchstaben zuzuordnen. Eine Ente stand darin für das E, die Maus für ein M, und eine Ameise symbolisierte das A. So ging das weiter. Die für ein Kind oft furchtbar komplizierte Welt der Wörter war nun ein drolliger Tierpark mit einer Sonne darüber, denn diese kennzeichnete das S. Die Schüler sollten die Zeichen abmalen, zu einer Klangkette verbinden und sich auf diese Weise ganz nebenbei die Beziehung zwischen Laut und Bild erschließen. Der Gedanke war fast zu schön, um wahr zu sein, aber er war ernst gemeint. Und Jürgen Reichen war ein redegewandter Mann, der von seiner Methode voll und ganz überzeugt war und überall dafür warb, wo man ihn ließ. In den Klassen, die er in Basel unterrichtete, wechselten sich nun Fernsehteams aus Deutschland, Österreich und der Schweiz ab. In den Beiträgen nannte Reichen Diktate »totes Wissen« und unterstellte seinen weniger fortschrittlichen Kollegen eine »Zwangsneurose«.

Nach ein paar Modifikationen hatte er es gut zwei Jahrzehnte später tatsächlich geschafft, nahezu alle Zweifler umzustimmen. Selbst das gestrenge bayerische Kultusministerium, das sich als Lordsiegelbewahrer eines didaktischen Deutschunterrichts verstand, gab Reichens Ideen nach. Aus »Lesen durch Schreiben« war »Schreiben nach Gehör« geworden und wurde nach und nach ab den späten Neunzigerjahren an den meisten deutschsprachigen Grundschulen eingeführt. Die Kinder durften sich schriftlich nun von der Einschulung an zwei, manchmal drei Jahre lang so mitteilen, wie es ihnen gerade in den Sinn kam – oder wie es nach der Ameisen-, Sonnen- und Ententabelle am logischsten erschien. Und je nachdem, wo man eben aufwuchs, wurde der Vater zum »Fata«, zum »Fatta« oder zum »Fadder«, und die Mudda tat es ihm gleich, während die katse drausn im gardn schbilte.

Es wurde zwar eine Liste von »Lernwörtern« eingeführt, die die Kleinen sicher beherrschen mussten, aber darauf standen gerade einmal zwanzig oder dreißig Begriffe pro Jahr, das war ein schlechter Witz. Dafür gab es Deutschlehrer, die keine Diktate und keine anderen Schulaufgaben mehr schreiben ließen, weil sie sowieso nicht mehr wussten, wie sie den wirren Buchstabenwust bewerten sollten. Einige Pädagogen widersetzten sich und wurden von der Schulleitung abgemahnt, andere fügten sich und verzweifelten an ihrem Beruf. Sie durften nicht einmal die oft entsetzten Eltern ermahnen, ihre Kinder zu korrigieren, wenn diese mit Blättern voller Phantasiewörter nach Hause kamen, die alles waren, nur kein richtiges Deutsch. Jürgen Reichen hatte es mit seinem hübschen, jedoch leider kaum praxistauglichen Einfall wirklich geschafft. Er starb 2009 schwerkrank, aber vermutlich trotzdem zufrieden.

Eine Untersuchung des Kultusministeriums in Mecklenburg-Vorpommern aus dem Jahr 2015 ergab, dass 37 Prozent der Grundschüler dort den Mindeststandard der deutschen Rechtschreibung verfehlten und nur rund ein Drittel aller Kinder halbwegs passabel schreiben konnte. In anderen Ländern sahen die Ergebnisse nicht besser aus, im Gegenteil. Aktuelle Schätzungen von Experten gehen davon aus, dass heute knapp die Hälfte aller Viertklässler eine eklatante Rechtschreibschwäche hat, von der man noch gar nicht weiß, wie sie sich später einmal auswirken wird. Tausende Lehrkräfte und Eltern in Rheinland-Pfalz und Nordrhein-Westfalen sammelten derweil Unterschriften gegen Reichens Ideen. Und eine Studie des Siegener Germanistik-Professors Wolfgang Steinig aus dem Jahr 2012 ergab, dass Schülern im Jahr 1972 durchschnittlich sieben Fehler pro hundert Wörter unterliefen und vierzig Jahre später bereits siebzehn. Das konnte kein Zufall sein.

Es besteht der begründete Verdacht, dass womöglich eine Generation von Analphabeten heranwächst, denen man die haarsträubenden Fehler erst wieder mühsam abgewöhnen muss, wenn man sie eines Tages in die Realität oder zumindest ins Berufsleben entlassen möchte. Schon jetzt kommen zahllose Studenten mit katastrophalen schriftlichen Deutschkenntnissen an die Unis und lassen Professoren an ihren Bewertungskriterien verzweifeln – rund 50 Prozent der gegenwärtigen Erstsemester haben Erhebungen zufolge eine allenfalls lückenhafte Orthografie. Dabei darf es als gesichert gelten, dass mancher pingelige Personalchef auch in einigen Jahren noch einen gewissen Wert darauf legt, dass sich der Bewerber nicht für eine Stelle als »elegdrigger« bewirbt, sondern als Elektriker. Besonders benachteiligt sind ausländische Kinder, die sich ohnehin erst einmal in der neuen Sprache zurechtfinden müssen und die sie dann auch noch derart fehlerhaft zu schreiben lernen. Wie das manchmal eben so ist mit der schönen Theorie: Reichens Methode klang aus seinem Mund und auf dem Papier deutlich besser, als sie in den Schulen funktionierte. Mehr noch: Sie ist, das lässt sich behaupten nach all dem, was man heute weiß, grandios gescheitert.

Meine allseits geschätzte Frau Baumgart dagegen hat von Herrn Reichen und seinen komischen Einfällen nichts mehr mitbekommen – und sie hätte vermutlich auch nicht viel davon gehalten. Sie wusste, dass das Lernen nicht immer ein Spiel sein und dass Schule und Unterricht ihren Schützlingen leider auch nicht immer nur Spaß bereiten konnte, obwohl sie sich wirklich alle Mühe gab. Sie pflegte einen ganz anderen, wahrscheinlich völlig unpädagogischen und wissenschaftlich ganz sicher nicht gesicherten Lehransatz, uns beizubringen, wie wir die Wörter möglichst richtig zu Papier brachten: Wer in ihren Deutschaufgaben zu viele Fehler machte, mehr als sie selbst beim besten Willen tolerieren konnte, der bekam trotzdem eine Belohnung: ein winzigkleines Bonbon. Der schmeckte gut, aber er hatte sich nach nicht einmal einer Minute im Mund aufgelöst. Wer aber fehlerfrei blieb, der erhielt einen großen Lutscher, der beinahe die ganze Deutschstunde lang nach Kirsche, Orange oder Apfel schmeckte. Das mochte zwar aus rein zahnmedizinischer Sicht fragwürdig erscheinen. Aber ich bin mir ziemlich sicher, dass wir am Ende der zweiten Klasse nicht zuletzt wegen dieser Lutscher allesamt schreiben konnten.

Weil uns nach Halloween auch noch der »Black Friday« heimsuchte

Schon in den letzten Jahren bemerkte ich immer gegen Mitte November, dass im hiesigen Einzelhandel etwas Seltsames vor sich ging. Der Winterschlussverkauf, der aus unerfindlichen Gründen längst nicht mehr so genannt wurde, sondern der wahlweise und vermutlich dem jeweiligen Lagerbestand nach dem »Final-Fall-Sale«, (also dem abschließenden Herbstverkauf) dem »Pre-X-MAS-Sale« (dem vorgezogenen Weihnachtsverkauf) oder eben bloß dem »Winter-Sale« weichen musste, bekam einen inoffiziellen Vorläufer verpasst. Jedenfalls häuften sich in den Wochen rund um den kalendarischen Winteranfang die sprachlichen Entgleisungen an den gerade zu dieser Zeit an sprachlichen Entgleisungen ohnehin nicht armen Schaufensterfronten in unseren Innenstädten. »Coming Soon: Black Friday« stand da plötzlich großflächig zu lesen oder »Get ready for our special Black Friday« oder schlicht »Black Friday Sale«, und zwar wochentags- und wetterunabhängig über mindestens eineinhalb Monate. Meine bescheidenen Englisch-, Wirtschafts- und Geschichtskenntnisse reichten zwar aus, um zu wissen, dass am

25. Oktober 1929 die New Yorker Börse zusammengebrochen war, mit fraglos verheerenden Folgen nicht nur für die weltweite Ökonomie – sondern auch für Politik und Gesellschaft, denn eine der Konsequenzen dieses langfristig so ruinösen Tages war eben auch, dass in Europa nationalistische Parteien eine Argumentationsgrundlage für ihre Ideologie erhielten. Und das war das eigentliche Ereignis, das als »Black Friday« in die Weltgeschichte eingegangen ist.

Kurioserweise ist jener originale »Black Friday«, der auch in meinem Bewusstsein irgendwie fest verankert war, tatsächlich und nachweislich ein Donnerstag gewesen – und außerdem kannte, das wusste ich wiederum nicht, die Historie noch etliche andere »Black Fridays« in den vergangenen Jahrhunderten: den 6. Dezember 1745 etwa, an dem in London die so schockierende wie falsche Nachricht die Runde machte, französische Truppen stünden unmittelbar vor einer militärischen Invasion ins Königreich, weshalb die Menschen reihenweise in Panik die Banken stürmten. Oder den 14. Oktober 1881, an dem beim sogenannten »Unglück von Eyemouth« hundertneunundachtzig schottische Fischer aufgrund eines unvorhersehbaren Orkans ihr Leben ließen.

Dieser neuartige und höchst ominöse »Black Friday« jedoch, der sich nicht nur in meiner Heimatstadt als selbstklebender Schriftzug an Scheiben kleiner Herrenausstatter ebenso unübersehbar ankündigte wie auf markigen Schildern in den Auslagen großer Kaufhäuser und der als eigens entworfenes Logo sogar das Schaufenster eines beinahe zwei Jahrhunderte bestehenden Huthauses mitten in der Innenstadt zierte, hatte freilich nichts mit dem Kurssturz von 1929 zu tun und schon gar nichts mit dem schlimmsten Sturm aller Zeiten an Schottlands Ostküste. Vielmehr ist er das jüngste und sicherlich nicht letzte Beispiel dafür, dass unser Einzelhandel jeden noch so dümmlichen Werbequatsch aus den Vereinigten Staaten importiert und – was noch viel schlimmer ist – sich zu eigen macht.

Dort nämlich, in den USA, ist der »Black Friday« praktisch seit den Pioniertagen der Pilgerväter der Tag nach »Thanksgiving« – und weil dieser landesweite Feiertag stets auf den vierten Donnerstag im November fällt, gilt der darauffolgende Freitag eben nicht nur als Start in ein mit viel Tamtam begangenes Familienwochenende. Sondern auch und vor allem als Beginn der Weihnachtseinkaufsaison, an dem viele Menschen über viel Zeit verfügen, weil sie bei ihrem Arbeitgeber einen Brückentag eingereicht haben. Unabhängig davon, dass auch in Amerika die Bezeichnung »Black Friday« einen bloßen Reklamebegriff darstellt, kann man überdies mit Fug und Recht behaupten, dass ein solcher »Black Friday« in Europa, das an einem vollkommen anderen Tag des Jahres eine vollkommen andere Erntedanktradition begeht, absolut keinen Sinn ergibt.

Leider aber kann man in der heutigen Zeit auch und gerade mit Sinnlosigkeiten eine beachtliche Menge Geld verdienen. Und so quillt seit einigen Jahren nicht nur mein E-Mail-Postfach über von zahllosen »Black Friday-Offers«, die ich gar nicht so schnell löschen kann wie mir vor allem die sprachliche Aufdringlichkeit dieses Datums den Nerv raubt. In diesem Jahr ereilte mich der »Black Friday« beispielsweise in Form eines »Up to 25 % on every Item«-Angebots bei bunten Herrensocken und Kniestrümpfen, eines vierundzwanzigstündigen »Powershopping-Experiences« im Internetangebot eines Drogeriemarktes sowie eines exklusiven »Weekend-Sales« bei einem großen Versandhändler, der sich auf den Druck von Fotokalendern spezialisiert hat; vom speziellen »Black Friday-Deal« einer bundesweit vertretenen Parfümeriekette, dem etwas uninspirierten »Black Friday Sale« von Otto sowie dem »Sexy Black Friday« bei Beate Uhse mal ganz abgesehen.

Aufgrund der Vehemenz, mit der sich der bescheuerte »Black Friday« – vor dem Verbraucherschützer inzwischen übrigens aufgrund häufiger unseriöser Lockangebote und Phantomnachlässen durchaus warnen – binnen weniger Jahre in unseren Handel und damit auch zwangsläufig in unseren Sprachgebrauch gedrängt hat, scheint es nur eine Frage der Zeit zu sein, bis uns die Werbestrategen einen neuen Trend aufzwingen werden. Das sich dem »Black Friday« anschließende

»Cyber Weekend«, das vor allem in der Elektronikbranche Einzug gehalten hat, ist bereits ein entsprechend schlechter Vorgeschmack, auch wenn die wortgetreue Übersetzung dieses neumodischen Nonsensbegriffs ein »die von Computern erzeugte virtuelle Scheinwelt betreffendes Wochenende« bezeichnet, was angesichts der Umstände fast schon wieder Charme hat.

Die angelsächsische Bezeichnung »Thanksgiving« selbst für einen beliebigen Tag im November wäre da doch eine schöne Idee, wie man auch bei uns zwischen dem bereits zum sprachlichen und kulturellen Gemeingut gewordenen »Halloween« und dem unsäglichen »X-MAS« noch ein bisschen zusätzliches Geld verdienen kann; mit Turkey-Festivals, Apple-Pie-Sales oder Special-Donut-Offers vielleicht. Bis es soweit ist, macht der »Black Friday« aber derweil auf jedem Fall seinem Wortsinn alle Ehre: An diesem Datum verzeichnen wir zumindest in sprachlicher Hinsicht inzwischen wirklich und zweifelsohne: einen pechschwarzen Freitag!

Weil man uns bei der Kaffeebestellung plötzlich duzte

Als ich als junger Mann das erste Mal in die Vereinigten Staaten reiste und zehn Tage lang durch die Straßen New Yorks streifte, mit offenem Mund und pochendem Herzen, gab es meiner Überzeugung nach keinen Ort auf der gesamten Erde, der es mit dieser Stadt hätte aufnehmen können. Nicht einmal London oder Paris, wo ich schon als jugendlicher Bustourist gewesen war, vermochten sich mit dieser vermutlich einzigen wahren Weltstadt zu messen. Was waren da erst Berlin, Hamburg oder München für trost- und kulturlose Möchtegern-Metropolen, allen historischen Vorsprüngen zum Trotz.

Ein bisschen war ich wohl auf der Suche nach mir selbst, und alles, wirklich alles an und in New York erschien mir in jenen Tagen weltläufig und unglaublich lässig: Nicht nur die gigantischen Wolkenkratzer, die aberwitzigen Leuchtreklamen, die zahllosen Theater, die rund um die Uhr geöffneten Bars oder die Menschenmengen in der Subway. Sondern selbst die uniformen Niederlassungen der großen Handelsketten, die es in unseren Innenstädten natürlich auch allesamt gab, und der unverschämt teure Kaffee, der mir jeden Morgen im Coffeeshop um die Ecke in einem Pappbecher mit Plastikdeckel überreicht wurde und auf dem tatsächlich mein Name stand. Dass dieser mit bemerkenswerter Konstanz falsch geschrieben war, trübte meinen Eindruck nicht. Hier war schließlich ich der Exot – obwohl der Angestellte, der einmal »Onlea«, einmal »Averna« und ein anderes Mal »Amira« auf meinem Becher notierte, aussah wie eine zweihundert Kilo schwere Version von Bob Marley. Außerdem ergab das mit der individuellen Kennzeichnung hier durchaus einen Sinn, denn gegen den nie versiegenden Kundenstrom in dieser engen Starbucks-Filiale wirkte selbst die Wirtsbudengasse des Oktoberfestes an einem Samstagabend wie ausgestorben. Insofern war ich förmlich beseelt von Internationalität, als im Mai 2002 die erste Niederlassung der amerikanischen Kaffeehaus-Kette auf deutschem Boden am Pariser Platz in Berlin eröffnete. Schon einige Wochen später, bei einem kurzen geschäftlichen Aufenthalt in der Hauptstadt, eilte ich umgehend dorthin und bestellte mir dasselbe Heißgetränk, das ich Jahre zuvor an der Ecke 57. Straße/Lexington Avenue immer getrunken hatte. Das hörbar einheimische Mädchen hinter dem Tresen fragte mich höflich nach meinem Vornamen, den ich ihr sogleich pflichtbewusst nannte, und sie notierte ihn fehlerfrei auf dem Pappbecher. Eine halbe Minute später hallte die Bezeichnung meines Getränks zusammen mit meinem Namen durch den Raum. Ich nahm meinen »Caramel Macchiato« in der Größe »Tall« – was witzigerweise »groß« bedeutete, aber »klein« meinte – in Empfang und war glücklich. Für vier Euro trank ich mich gerade einen kurzen Moment nach New York zurück.

Inzwischen hat Starbucks über hundertsechzig Filialen in Deutschland. Alleine in Berlin sind es mehr als zwanzig – und ich muss gestehen, dass meine Begeisterung für Produkte und Attitüde dieses Anbieters deutlich abgenommen hat. Die ersten Zweifel kamen mir, während ich in einer der Zweigstellen in meiner Heimatstadt Nürnberg der einzige Kunde war und trotzdem meinen Vornamen preisgeben sollte. Als kurz darauf der Ruf »Ein Java Chip Chocolate Cream Frappuccino Grande für Andi« ertönte, obwohl ich erstens die Langform meines Namens genannt hatte und sich zweitens noch immer kein anderer Gast im Raum befand, wurde mir die ganze Sache dann doch zu jovial. Warum musste ich mich von einem vermutlich nicht einmal halb so alten Kerl mit zwei silbernen Steckern in der Oberlippe und einem Ohrloch, durch das ich sogar die kleingedruckte Aufschrift der einzelnen Teebeutel im dahinter liegenden Regal lesen konnte, verdammt noch mal duzen lassen?

Aus genau diesem Grund machte ich auch keinen Urlaub in einem Robinson-Club – und verweigerte mich seit Jahren konsequent dem Einkauf bei IKEA. Ich war tatsächlich der einzige Mensch in meinem gesamten Bekanntenkreis, in dessen Wohnung schon zu Studentenzeiten kein Billy-Regal, kein Klippan-Sofa, kein Pax-Schrank oder anderer Pressspan-Tinnef des schwedischen Einrichtungsgiganten stand. Nicht etwa, weil ich mir teurere Möbel leisten konnte. Mir ging lediglich die von der Konzernspitze seit Jahrzehnten erzwungene Kumpelhaftigkeit der Angestellten auf die Nerven – spätestens ab dem Zeitpunkt, an dem ich erfolglos einen Sechserpack Weingläser umtauschen wollte, weil ich nach dem Öffnen des Kartons zu Hause festgestellt hatte, dass zwei davon zerbrochen waren. Der Herr hinter dem Serviceschalter gab mir, beziehungsweise meinem Transportverhalten, die Schuld an dem Schaden. Und die Tatsache, dass mir als Kunde einerseits nicht entgegengekommen, ich aber dennoch unablässig angeredet wurde als sei ich ein guter und langjähriger Freund des Hauses, machte mich wütend. Für mich hieß es danach folglich nicht mehr »Wohnst du noch, oder lebst du schon?«, sondern schlicht »Ihr könnt mich mal«.

Das Geschäftsprinzip, das erst IKEA und später eben Starbucks anwandten, um sich bei ihrer Klientel eher plump anzudienen, wurde inzwischen von zahlreichen weiteren Konzernen übernommen. So folgten vor allem Unternehmen aus dem Textilsegment wie H&M, Zara oder Puma der Duz-Doktrin – und zwar nicht nur bei den eigenen Mitarbeitern, sondern auch beim Endkunden. Rund drei Viertel der

Firmen in diesem Geschäftsfeld operieren schätzungsweise heutzutage altersunabhängig mit dem kumpelhaften »Du«, während Umfragen ergaben, dass zwei Drittel der Kunden darauf überhaupt keine Lust haben. Dass man auch als ergrauter Mittvierziger beim Betreten einer Filiale der amerikanischen Bekleidungsketten Abercrombie & Fitch oder Hollister vom Personal angeredet wurde wie auf einer Unterstufenparty hätte man noch verschmerzen können – wer sich als zweifacher Familienvater einen grünen Kapuzenpullover mit pinkfarbenem Surfbrett-Aufdruck überstreifte, hatte vermutlich auch kein Problem damit, mit »Hey Dude, what's up?« begrüßt zu werden. Dass aber kürzlich selbst der traditionsreiche Otto-Versand die Duzerei über alle Hierarchieebenen hinweg einführte, erscheint ebenso irritierend wie lächerlich.

Immerhin hat die pronominale Anrede, also die Unterscheidung in »Du« und »Sie«, bei uns eine lange Tradition: Als frühestes bekanntes Zeugnis einer Verwendung des respektvolleren »Ihr« anstelle des allgemeingültigen »Du« gilt eine Stelle in einem Brief des elsässischen Dichters Otfrid von Weißenburg an den Bischof von Konstanz aus dem Jahr 865. Um 1500 herum tauchte die zweite Person Plural dann als Anrede in der höfischen Gesellschaft auf, während sich das flächendeckende Siezen ab dem Beginn des 19. Jahrhunderts und vorwiegend in den Städten durchsetzte. Noch schwerer als die blanke Historie aber wog der Grund, aus dem die Deutschen sich eines Tages entschieden, nicht jedermann in derselben Weise anzusprechen: Man wollte einem Dritten gegenüber dadurch schlichtweg Achtung und Respekt entgegenbringen. Attribute, die in früheren Zeiten, als manch adeliger Provinzfürst seine Sonderstellung perfide ausnutzte, womöglich übertrieben wurden, die heute jedoch leider zunehmend völlig aus der Mode zu geraten scheinen.

Dabei sollten wir eigentlich stolz sein auf die sprachliche Besonderheit zweier Anredeformen, die es so oder so ähnlich auch im Spanischen, im Französischen oder im Russischen gibt und in abgespeckter, weil nur in singulärer Form, sogar im Chinesischen. Überall dort übrigens halten die meisten Menschen diese Differenzierung bei der Konversation in Ehren, während wir uns auch in dieser Hinsicht gerne am allgegenwärtigen Englisch orientieren, das bekanntermaßen seit dem Aussterben von Shakespeares »thou« keine Unterscheidung in der Anrede mehr kennt. Dieses Phänomen stellt sicherlich eine der Hauptursachen für das vertraute Duzen auch in unserem Sprachraum dar. Helmut Kohls so legendärer wie nicht hundertprozentig gesichert überlieferter Satz »You can say you to me« im freundschaftlichen Gespräch mit Margaret Thatcher mag da ein Übriges getan haben.

Wie auch immer: Das »Du« sollte eigentlich nur einem gegenseitigen Einverständnis entspringen. Insofern mutet es befremdlich an, wenn ein wildfremder Gesprächspartner sein Gegenüber ebenso innig behandelt wie es ansonsten allenfalls bei der eigenen Familie, den Freunden oder den engsten Kollegen üblich ist. Doch auch hier geht die Werbung mit schlechtem Beispiel voran: »Jedes Teil Dein Style« möchte jedenfalls ich mir vom Textilanbieter »About you« einfach ebenso wenig sagen lassen wie den Leitsatz des Kreditinstitutes ING-DiBa, das sich mit einem gönnerhaften »Die Bank und Du« an mich wenden möchte. Und wo und vor allem bei wem ich meine wohlverdienten Ferien buche, entscheide ich immer noch selbst. Zumindest lasse ich mir das nicht vom Reiseveranstalter Neckermann einreden, der mir gefällig erklärt: »Sei Du – es ist Dein Urlaub«. Das weiß ich ganz gut selber.

Kurios ist es auf alle Fälle, dass wir oftmals klaglos akzeptieren, von an sich seriösen Firmen im Schriftverkehr oder im stationären Handel angesprochen zu werden wie ein Zehnjähriger in der Eisdiele – und dass andererseits das vorsätzliche »Duzen« von den meisten Amtsgerichten noch immer als Straftatbestand ausgelegt wird. Ein leutseliges »Du« jedenfalls kann laut ADAC schon mal sechshundert Euro Bußgeld kosten, wird es einem Polizeibeamten gegenüber im Eifer des Wortgefechtes ausgesprochen, übrigens hundert Euro mehr, als normalerweise für ein »blödes Schwein« fällig werden. Ob diese beachtliche Strafe auch dann noch gilt, wenn sich ein uniformierter Hauptmeister im Dienst einen Kaffee bei Starbucks holen möchte, ist hingegen kaum anzunehmen. Was eigentlich bedauernswert ist: Zumindest hätte die lästige Duzerei dort dann vermutlich recht schnell ein Ende.

Weil die Kirche »Luther Activities« entdeckte

Es gab, so dachte ich zumindest, in all dem wortgewordenen Stumpf-sinn unserer Gegenwart, zwischen »Flagship Stores«, »Call Center Agents« und »Info Points«, wenigstens noch ein paar Inseln der sprachlichen Glückseligkeit. Orte, an denen ganz und gar altmodische Begrifflichkeiten weiterhin selbstverständlich waren und an denen sich wichtigtuerische PR-Strategen und Image-Berater vollkommen vergeblich abmühten. Einer dieser Orte war auch die evangelische Kirchengemeinde meines Viertels, in deren monatlichem Gemeindebrief seit jeher zu wöchentlichen Gottesdiensten, vierzehntägigen Bibelkreisen oder den monatlichen Treffen der Pfadfindergruppe »Die Füchse« eingeladen wurde – und zwar aussagekräftig und dennoch ohne neumodisches Geschwafel. Dieses Gebaren schien nicht nur in meinem Sprengel nicht weiter hinterfragenswert, denn wie sonst sollte ein »Vaterunser« denn heißen, wenn es kein »Vaterunser« mehr sein durfte – und was in aller Welt konnte aus einem »Abendmahl« anderes werden als eben ein »Abendmahl«?

Darüber hinaus besaß unser Pfarrer Dr. Nikolaus, der wirklich so hieß und mich als junger Diakon taufte, als gestandener Pastor konfirmierte und schließlich als älterer Dekan meine Großmutter zu Grabe trug, eine Eigenschaft, die mir für seinen Beruf so selbstverständlich wie unerlässlich erschien: Er arbeitete vorwiegend mit Worten. Seine Predigten enthielten gelegentlich vielleicht eine Portion zu viel Pathos, sie waren dafür aber für jedermann leicht verständlich. Unser Pfarrer fand für jede gesellschaftliche Entwicklung einen treffenden Querverweis aus der Heiligen Schrift, und er schaffte es, dass selbst ein der Institution Kirche eher zurückhaltend gegenüberstehender Mensch wie ich bei seiner Weihnachtsansprache am Heiligen Abend eines jeden Jahres Tränen der Rührung in den Augen hatte.

Einmal gab es in unserer Gemeinde einen heftigen Streit darüber, ob dort eine Unterkunft für eritreische Familien entstehen sollte, es wurden sogar Unterschriften gegen die geplante Einrichtung gesammelt. Die Stimmung war hitzig und der Gottesdienst voll, weil jedes Gemeindemitglied und sogar etliche Anwohner, die sonst gar nicht in der Kirche anzutreffen waren, wissen wollten, was unser Pfarrer zu dem Thema zu sagen hatte. »Ja, glaubt Ihr denn wirklich«, dröhnte er damals mit Tremolo in der Stimme ins Kirchenschiff hinein, »dass wir alle heute hier säßen, mit einem regendichten Dach über dem Kopf und einer wärmenden Jacke am Körper, dass wir einfach so nach Hause gehen könnten in unsere beheizten Stuben und den gut gefüllten Kühlschrank öffnen und einen Hahn aufdrehen, aus dem sauberes Quellwasser fließt, wenn die Amerikaner, die 1945 unsere Stadt befreit haben, genauso kleingeistig gedacht hätten wie wir?« Er wischte sich den Schweiß von der Stirn, und danach hatte jeder begriffen, worum es ging. Es gab keinen Funken Widerstand mehr gegen das Projekt, und die Unterkunft wurde ohne weitere Aufregung gebaut.

Es war das größte Kompliment, das man einem Mann, dessen einzige Waffe die Sprache war, machen konnte: Dieser Mensch konnte so herausragend gut reden, dass man wirklich auf ihn hörte – egal ob sein

Thema philosophischer Natur war oder ganz und gar nahbar. Manchmal fand ich es schade, dass Pfarrer Nikolaus sein Talent an einem grauen Novembersonntagmorgen vor einer vergleichsweise kleinen Zuhörerschaft verschwenden musste, wo er doch meiner Meinung nach Tausende, vielleicht Zehntausende Zuhörer verdient gehabt hätte angesichts seiner Ausnahmerhetorik. Aber es schien ihm nichts auszumachen, und ich musste zugeben, dass ich mir einige seiner Tricks und Kniffe abschaute, wenn ich ein Referat vor der Klasse zu halten hatte oder später einen Vortrag vor ein paar Zuhörern mehr.

Eines Tages jedoch hielt ein neuer junger Geistlicher in unserer Gemeinde Einzug, weil auch ein Dienstleister des Herrn irgendwann das Renteneintrittsalter erreichte und unser alter Pfarrer in seinen wohlverdienten Ruhestand wechselte. Ich war schon lange nicht mehr in der Kirche gewesen, aber der junge Nachfolger hielt seine Einstandspredigt, und deshalb hörte ich sie mir aus Neugier an. Anfangs sprach der Mann nicht schlecht, natürlich konnte er unserem alten Nikolaus nicht das Wasser reichen, aber wie sollte er das auch können, in diesem Alter. Je länger allerdings seine Rede dauerte, desto mehr klang er nicht mehr wie ein Pastor, sondern wie ein Berater von McKinsey. Er blickte auf die lichten Reihen und fabulierte davon, schnellstmöglich die »Performance« unserer Gemeinde zu verbessern. Jeder solle seine »Skills« einbringen, der Gemeindesaal müsse für die U18-Generation zu einer christlichen »Party-Location« werden, und das erklärte Ziel seiner Amtszeit in unserem Sprengel sei eine »Kirche 2.0«. Abgesehen davon, dass ich wie die meisten anderen Anwesenden nur Bahnhof verstand, läuteten nach dem finalen Amen die Alarmglocken, und zwar nicht nur droben im Turm.

Meine schlimmsten Befürchtungen bewahrheiteten sich in der nächsten Ausgabe unseres Gemeindebriefs: Darin stand plötzlich nichts mehr von einem Bibelkreis, sondern von einer Veranstaltungsreihe namens »Sing and Pray«. Zusätzlich zum sonntäglichen Gottesdienst wurde nun ein wöchentlicher »Jesus-Workshop« angeboten, was auch immer das bedeuten sollte. Für die Eritreer schlug der Vikar eine regelmäßige »Bake and Donate«-Sammelaktion vor, und unsere Pfadfinderfüchse waren nun zu »Foxes« geworden.

Grundsätzlich fand ich es natürlich alles andere als ehrenrührig, wenn sich ein neuer, engagierter Gottesmann Gedanken darüber machte, wie er seine Kirche wieder einigermaßen voll bekam. Aber ich war mir sicher, dass er sich mit derartigen Begrifflichkeiten bei jungen Menschen lächerlich und bei den älteren unbeliebt machen würde. Und genau so kam es auch. Nach dem ersten Gemeindebrief regte sich sanfter Unmut, nach dem zweiten, in dem eine Umbenennung des Jugendchores in »Singing Kids« angekündigt und das Abendmahl launig als christliches »Happy Meal« annonciert wurde, trafen im Pfarramt mehrere Beschwerdebriefe ein. Mit der »Bibel-Flatrate«, die den Konfirmationsunterricht bereichern sollte, war die vorerst heftigste Eskalationsstufe erreicht. Die älteren Diakone gingen auf die Barrikaden.

Das Schlimmste aber war, dass sich unser junger Geistlicher diesen ganzen Unsinn vermutlich nicht einmal selbst ausdachte, sondern sich offenbar lediglich an ganz oben orientierte, was in diesem Falle zwar nicht hieß, dass er sich an Gottes sprachliche Vorgaben hielt, dafür aber an die eigenartigen Ideen seines Ratsvorsitzenden. Der hatte nämlich kurz zuvor eine zeitgemäße werbliche Neuausrichtung seiner Kirche gefordert und als ersten Schritt in diese Richtung verstärkte »Luther Activities« ausgerufen; ein kauziger Kunstanglizismus, der sich natürlich nicht auf den 1968 ermordeten Baptistenpastor und Bürgerrechtler Michael King Jr. – besser bekannt als Martin Luther King – bezog, sondern auf dessen historisches Vorbild, den allseits geschätzten Theologieprofessor aus Wittenberg. Und das wiederum durfte in diesem Zusammenhang wirklich als Anmaßung gewertet werden!

Immerhin hatte sich der echte Martin Luther nicht nur durch seine reformatorischen Ideen einen Platz in der Weltgeschichte verdient. Er konnte sich rühmen, einer der wichtigsten Wegbereiter einer einheitlichen und vor allem verständlichen deutschen Sprache zu sein. Auch wenn seine diesbezügliche Rolle unter Forschern lange Zeit umstritten war, gilt es heute als gesichert, dass seine Bibelübersetzung die weitere Entwicklung unseres heutigen Deutsch wesentlich geprägt hat. Als Luther erstmals an einem kalten Adventssonntag anno 1521 zur Feder griff, weil ihm Langeweile und chronische Darmträgheit zusetzten, ahnte er zwar, welche immense Bürde er sich auferlegt hatte. Dennoch schloss er sich in seiner Kemenate auf der Wartburg ein und begann, seine »Septemberbibel« zu schreiben.

Bis dahin existierten bereits mehr als ein Dutzend deutschsprachige Bibel-Übersetzungen. Diese wurden aber allesamt nicht als Lektüre für den ungebildeten Durchschnittsgläubigen gefertigt, sondern lediglich als Argumentationshilfe für gelehrte Geistliche. Die bis zum letzten Kommata verkopften Texte lasen sich umständlich bis unverständlich und beruhten auf einem rund hundert Jahre alten Text namens »Vulgata«, einer lateinischen Bibelversion, die sich streng an der griechischen Urfassung orientierte. Selbst die wenigen Menschen, die damals überhaupt lesen konnten, kapierten oftmals nicht, was die kruden Satzgebilde eigentlich im Kern aussagen sollten. Luther indes war der Erste, der sich nicht an einer wortgetreuen Übertragung abarbeitete. Stattdessen bemühte er sich in akribischer Kleinarbeit, die Verse hauptsächlich dem Sinn nach zu transformieren. Luther wollte verstanden werden, ohne dass die Unwissenheit der einfachen Menschen das Niveau seiner Sprache bestimmte – dieses Spannungsfeld war sein Antrieb. Und der war so groß, dass er mit seiner Mammutaufgabe in unfassbaren siebenundsiebzig Tagen fertig war. Spätestens jetzt war klar, dass sich da ein sprachliches Jahrtausendtalent an die Arbeit gemacht hatte.

»Man muß die Mutter im Haus, die Kinder auf den Gassen, den gemeinen Mann auf dem Markt drum fragen und denselbigen auf das Maul sehen, wie sie reden und danach dolmetschen. So verstehen sie es denn und merken, daß man deutsch mit ihnen redet« – mit diesem Satz, mit dem der Meister sein Anliegen einmal formulierte, war alles gesagt. Und so schuf Martin Luther Begriffe und Redewendungen, die noch heute frisch und eingängig klingen, obwohl sie vor fünfhundert Jahren niedergeschrieben wurden. Der »Denkzettel«, das »Machtwort«, der »Feuereifer«, der »Schandfleck« oder der »Lückenbüßer« entstammen allesamt dem Luther'schen Geist, und »in den sauren Apfel beißen«, sein »Scherflein zu etwas beitragen«, die »Zähne zusammenbeißen«, »im Dunkeln tappen«, »der Wolf im Schafspelz« oder »jemanden vor den Kopf stoßen« ebenso. Wenn der gute Mann vorbrachte, dass »aus einem verzagten Arsch kein fröhlicher Furz« kommen konnte, wusste selbst ein ungebildeter Knecht, was damit gemeint war. Und weil er das außerdem sowohl mit nieder- als auch mit oberdeutschen Elementen tat, erreichte er damit die damals größtmögliche Zahl an Adressaten. Anstatt seinen Namen also mit englischen Vokabeln zu entstellen, sollten wir vielmehr das Andenken an das Genie Luther pflegen – und dankbar sein für das, was er alleine mit der Macht der Sprache auf den Weg gebracht hat.

Während unser Pfarrer Nikolaus vier Jahrzehnte lang unsere Gemeinde prägte und ihr gelegentlich ganz in Martin Luthers Sinne »die Leviten las«, scheiterte sein deutlich weniger sprachgewaltiger Nachfolger bereits nach wenigen Monaten. Ob die zahlreichen von ihm vorgebrachten Anglizismen nun seinen überstürzten Abschied beschleunigten oder er sich nur mit der eigensinnigen Haushälterin zerstritt, die ihm sein Vorgänger hinterlassen hatte, vermag ich aus heutiger Sicht nicht mehr zu beurteilen. Sicher ist nur, dass danach wieder sprachliche Normalität in unserer Kirche einkehrte. Und dass Luther selbst ein Abendmahl einem »Happy Meal« wohl vorgezogen hätte – allen nach ihm benannten Activities zum Trotz!

Weil wir nicht so viel Mut besaßen wie die Franzosen

Ehrlich gesagt zählte Frankreich nie zu meinen potenziellen Urlaubszielen. Ich wusste gar nicht, woran es genau lag, aber ich mied das Land, wenn es darum ging, die jeweils nächsten Ferien zu planen. Vielleicht hatte sich in meinem Unterbewusstsein der Angst machende Gedanke festgesetzt, dass mein Französisch gerade einmal dafür ausreichte, einen Milchkaffee oder einen Nizza-Salat in der Landessprache zu bestellen. Aber schon bei einer einfachen Gegenfrage oder einer Konversation über das übliche Höflichkeitsgeplänkel hinaus hätte ich schweigend passen müssen. Mein einziger Besuch in Paris als sprachunkundiger Sechzehnjähriger endete denn auch folgerichtig fast mit einer Schlägerei im »Bistro Diderot«, weil ich – wie ich später erfuhr – den Barbetreiber versehentlich als Schwuchtel beleidigte, obwohl ich ihn eigentlich nach seiner wunderschönen Tapete hatte fragen wollen, die sein Lokal zierte. Dass das Wort »Tapette« in der Landessprache gar keinen Wandschmuck bezeichnete, hatte mir keiner erklärt.

Zwar mühte ich mich von der siebten bis zur elften Klasse redlich durch Vokabular und Grammatik. Aber bis heute habe ich beispielsweise nicht begriffen, was es mit diesem sinnlosen Subjonctif auf sich hatte, und alle Erklärungsversuche meiner Lehrer schlugen ebenso fehl wie der sechswöchige Nachhilfekurs bei Chantal; jener zwei Jahre älteren Austauschschülerin aus Besançon, die mich in einen der schlimmsten Liebeskummer meines Lebens stürzte, weil sie sich statt in mich in einen Jungen aus der Parallelklasse verliebte. Kurzum: Ich mochte Französisch nicht, nach Chantal mochte ich auch die Franzosen nicht mehr, und wahrscheinlich mochte ich deswegen ganz Frankreich nicht. Ich hatte keine Lust, mich dort noch einmal bis auf die Knochen zu blamieren, weil ich womöglich statt eines »Quart de Vin« ein ganzes Stadtviertel Wein bestellte oder in der Bäckerei als sexistischer Aufdringling galt, weil ein »Baiser« in Frankreich idiotischerweise »Meringue« heißt, während »Baiser« wiederum »Kuss« bedeutet. Man wusste schließlich, dass man zwischen Elsass und Côte d'Azur die Sprache der Einheimischen aus dem Effeff beherrschen musste. Andernfalls drohte man zum Gespött zu werden und schlimmstenfalls zu verhungern oder zu verdursten.

Die Franzosen selbst schienen sich weitaus weniger von Fremdsprachen verunsichern zu lassen. Obwohl einer Angabe des französischen Bildungsministeriums zufolge seit den späten Siebzigern annähernd 90 Prozent aller Schüler ab der fünften Klasse in Englisch unterrichtet wurden, wandten diese ihr entsprechendes Wissen offenbar nur höchst selten und wenn dann eher ungern an – und zwar weder im In- noch im Ausland. Während meiner Woche in Paris zumindest wollte kein einziger Einheimischer auch nur ein Sterbenswörtchen Englisch mit mir reden, und selbst bei McDonald's oder Burger King bekam ich nur ein Achselzucken, aber keine Tüte, wenn ich mein Essen »to take away« bestellte.

Dafür gingen die Franzosen wie selbstverständlich davon aus, dass man sie bei uns gefälligst verstand, wenn sie eine »Saucisse« und dazu ein

»Bière de Blé« bestellten, weil sie keine Lust hatten, die Begriffe »Bratwurst« und »Weizenbier« nachzuschlagen. Dass rein statistisch gesehen fast 18 Prozent der Franzosen Deutschkenntnisse besaßen, merkte man also noch weniger. Ich stellte erstaunt fest, dass in diesem Land ein bemerkenswertes Selbstbewusstsein die Muttersprache betreffend vorherrschte. Eine Eigenschaft, von der wir uns durchaus etwas abschauen könnten, wenn wir denn nur wollten.

Dabei wurden auch die Innenstädte von Paris, Marseille oder Lille in den Achtziger- und frühen Neunzigerjahren von international anmutenden Reklametafeln überflutet, während die Radiostationen fast ausschließlich amerikanische Popmusik spielten und im staatlichen Fernsehen ein Werbefilmchen nach dem anderen auf Englisch lief. Die Hinwendung zur englischen Sprache ging gar so weit, dass mancherlei Begriffe daraus einfach ins Französische übernommen wurden: So traf man sich am Freitagmittag noch »chez Lunch«, bevor man sich in »le Week-End« verabschiedete, an dem man sich womöglich mit »le Talkie-Walkie« anfunkte oder Tischfußball am »le Baby-Foot« spielte; ein verqueres Kunstwort, das einem englischen Muttersprachler mutmaßlich massive Magenschmerzen bescherte – ebenso wie »le Record-Man«, der allen Ernstes einen Rekordhalter im Sport bezeichnete.

Diese sprachlichen Freveleien ärgerten vor allem einen Politiker namens Jacques Toubon, der von François Mitterrand 1993 überraschend zum Kulturminister ernannt worden war. Bereits ein Jahr zuvor wurde die französische Sprache als »nationales Symbol« in Artikel II der Verfassung aufgenommen, um deren weitreichende Bedeutung und Strahlkraft zu verdeutlichen. Nachdem Toubon einige Zeit unauffällig im Amt wirkte, ließ er von seinen Beamten ein umstrittenes Gesetz entwerfen, das in seiner Form einzigartig in Europa war und nicht nur zu Hause eine Menge Wirbel auslöste: das »Gesetz betreffend den Gebrauch der französischen Sprache«, im Volksmund seinem Initiator nach nur »Loi Toubon« genannt. Darin legte der Minister fest, dass künftig »in der Bezeichnung, dem Angebot und der Aufmachung von

Gütern, Produkten oder Dienstleistungen sowie in den Aufschriften, Anzeigen oder Mitteilungen, die der Unterrichtung der Öffentlichkeit dienen, die französische Sprache zu benutzen ist«. In Frankreich galt nun also eine Französischpflicht, und was sich irgendwie selbstverständlich anhörte, war in Wirklichkeit eine sprachliche Revolution!

Dem »Loi Toubon« nach mussten nämlich sogleich alle Etiketten, Prospekte, Kataloge oder Broschüren, Bestell- und Lieferscheine, Gebrauchsanweisungen, Speise- und Getränkekarten, Rechnungen und Kassenbons, Veranstaltungsprogramme, Fahrkarten, Verträge, jegliche Werbung für Produkte und Dienstleistungen aller Art sowie Schilder an Geschäften, Restaurants, Museen, Bahnhöfen und Hinweistafeln an Flughäfen, Bushaltestellen und Theatern auf Französisch gehalten sein. Andernfalls drohten empfindliche Strafen. Als Ausnahmen ließ Toubon nur Begriffe gelten, die im internationalen Sprachgebrauch üblich waren: ein Hot Dog etwa blieb ein Hot Dog und wurde nicht zum »Chien chaud«, und auch das Sandwich oder die Jeans durften sprachlich weiterleben. Aus »le Week-End« aber sollte »la Vacancelle« werden, aus dem Computer »l'Ordinateur« und aus der Software »le Logiciel«. Es war, als seien englische Vokabeln unerwünschte Eindringlinge in ein schützenswertes Terrain. Und genau betrachtet war es ja auch so.

Die Öffentlichkeit tat sich erst schwer mit dem Gesetz. Toubon wurde verlacht und als »Jack Allgood« verspottet, nach der fiktiven Übersetzung seines Namens. Aber nachdem die ersten Unternehmen tatsächlich empfindliche Strafzahlungen wegen der Verwendung englischer Begriffe entrichten mussten, wendete sich das Blatt. Das Verfassungsgericht kippte zwar die Vorgabe, französische Ersatzwörter auch im privaten Sprachgebrauch anstelle der bisherigen englischen Begriffe verwenden zu müssen, als Verstoß gegen die Meinungsfreiheit. Im öffentlichen Raum allerdings setzte sich die Regelung durch: Nach und nach verschwanden nahezu alle Anglizismen aus Werbung und Industrie. Und wo sich internationale Konzerne partout nicht von ihren englischsprachigen Reklamebotschaften trennen wollten, war zumindest die französische Übersetzung darunter obligatorisch. Endlich verstanden die Menschen, was ihnen die Firmen jahrelang für einen belanglosen Firlefanz um die Ohren gehauen hatten. Und ein gewöhnlicher Hausmeister, der wie bei uns plötzlich im internationalen Firmensprech zum aufgeblasenen »Facility Manager« werden musste, war in Frankreich nun glücklicherweise undenkbar. Hier blieb der Mann das, was er immer schon gewesen ist: ein »Gardien«.

Sechs Jahre später trat, nach einer Übergangszeit, dann ein zweiter Teil des Loi Toubon in Kraft. Dieser verpflichtete sämtliche Radiostationen des Landes, mindestens 60 Prozent der Sendezeit mit Musik europäischer Künstler auszufüllen, wovon wiederum zwei Drittel französischsprachig sein mussten, die Hälfte davon Neuheiten. Das bedeutete im Klartext: Vier von zehn gespielten Liedern hatten sodann französische Texte, und lediglich von 22.30 bis 6.30 Uhr galt die Regelung nicht. Dadurch sollten auch zuvor unbekannte einheimische Musiker die Chance bekommen, zur besten Sendezeit gespielt zu werden.

Erst liefen die Plattenfirmen Sturm gegen das Dekret und beschimpften Jacques Toubon als reaktionären Nationalisten. Heute aber besteht weitgehend Einigkeit darüber, dass sein Erlass die französische Musikkultur gerettet hat: Während bis zum Inkrafttreten der Quoten schätzungsweise rund 90 Prozent englische Musik über den Äther gejagt wurde, übererfüllen die meisten Sender die Vorgabe inzwischen mit Freuden, weil immer mehr lokale Künstler in ihrer Muttersprache singen wollten. Und selbst ausländische Interpreten nahmen plötzlich französische Versionen ihrer ursprünglich auf Englisch eingesungenen Titel auf, um auf dem wichtigen Musikmarkt Frankreich – dem fünftgrößten der Welt – ein besseres Gehör zu finden.

Bei uns waren derweil alle Vorstöße vergeblich, ein ähnliches Gesetz auf den Weg zu bringen. Künstler wie Heinz Rudolf Kunze, Reinhard Mey oder Udo Lindenberg scheiterten mit ihren Initiativen ebenso wie diverse Politiker, die sich für eine vergleichbare Quotenregelung stark machten. Nur eine nicht bindende Selbstverpflichtung für Radiosender brachte der Bundestag im Jahr 2004 halbherzig auf den Weg, wonach 35 Prozent der gespielten Musik doch bitte schön deutschsprachig sein solle. Genutzt hat das allerdings wenig: Während es inzwischen genug hörenswerte Beispiele gibt – in der Jahreshitparade von 2015 befanden sich von hundert Titeln stolze sechzig nationale, so viele wie seit der »Neuen Deutschen Welle« zu Beginn der Achtziger nicht mehr –, erhöhte sich der Anteil deutscher Musikstücke in den Rundfunkstationen seit Jahren nicht, eher im Gegenteil: So strich im selben Jahr das »Nordwestradio«, immerhin ein öffentlich-rechtlicher Gemeinschaftssender von Radio Bremen und NDR, Lieder mit deutschen Texten gleich ganz von der Titelliste. Man wolle eben vorwiegend weltoffene Menschen ansprechen, verteidigte sich der Senderchef.

Es war manchmal schon seltsam in unserem Land: Wir schützten den Wald und bauten keine Umgehungsstraße, wenn sich auch nur ein winziges Biotop auf dem Gelände befand, aber unsere Sprache schützten wir nicht. Als ich die Meldung über den Deutsch-Bann im »Nordwestradio« gelesen habe, fasste ich den Beschluss, endlich mal wieder in Frankreich Urlaub zu machen – zum ersten Mal seit über zwei Jahrzehnten. Ich werde dafür natürlich ein paar Vokabeln pauken müssen, damit ich mich nicht blamiere. Seit dem Loi Toubon sind schließlich noch ein paar neue französische Wörter zum bestehenden Wortschatz hinzugekommen; Wörter, die von der altehrwürdigen Académie française anstelle der bisher verbreiteten, englischen Begriffe entwickelt wurden: Selbst die allgegenwärtige E-Mail musste in diesem Zusammenhang der »Méssage Electronique« weichen. Nur das »Vacancelle« wollte sich einfach nicht durchsetzen – am Freitagnachmittag wird nach wie vor »le Week-End« eingeläutet. Wie auch immer: Wenn ich tatsächlich demnächst dorthin fahre, werde ich mich darüber freuen, nirgendwo einen »Coffee to go« zu bekommen oder meinen Croque Monsieur in einem »Snack Point« einnehmen zu müssen. Dafür habe ich mir fest vorgenommen, verdammt viel Radio zu hören!

Weil VW seine Wurzeln verleugnete

Das wahrscheinlich wichtigste Automobil meines Lebens war, wie bei Millionen anderen Menschen auch, ein VW Golf. Ich absolvierte in einem Golf meine Fahrstunden, knutschte in einem Golf meine erste feste Freundin, fuhr in einem Golf zum ersten Mal ohne meine Eltern in den Urlaub. Und ich baute mit einem Golf den glücklicherweise bis heute schlimmsten Unfall meines Lebens, indem ich einem vor mir fahrenden Mercedes E240 Stoßstange und Heckklappe ruinierte – und mich auf diese Weise um meine gesamten Ersparnisse brachte. Der Golf konnte dafür natürlich nichts, es war ein winziger Moment der Unachtsamkeit, der mich im Stadtverkehr auf den Benz auffahren ließ. Obwohl ich mein metallicgrünes Exemplar aus der zweiten Baureihe für viertausendfünfhundert Mark in jenen Zeiten erwarb, in denen sich sicherheitsrelevante Extras wie ein Airbag noch in der Entwicklungsphase befanden, hatten meine Eltern keinerlei Bedenken, ihren gerade volljährig gewordenen, einzigen Sohn in einem solchen Auto auf die Straße zu lassen. Nicht zuletzt deshalb, weil sie und die meisten anderen

Deutschen ein Urvertrauen in diese Marke besaßen, die für ihr kompaktes Flaggschiff seit Jahren mit dem Spruch »Und er rollt und rollt und rollt« warb. Mehr musste man über diesen Wagen nicht wissen. Später gab der Golf einer ganzen Generation – meiner Generation – auch noch seinen Namen. Die »Generation Golf«, das waren jene wie ich in den Siebziger- und Achtzigerjahren Aufgewachsenen, die ihre Welt noch ganz klar in Gut und Böse unterteilen konnten, denen Helmut Kohl als Bundeskanzler sechzehn Jahre bleierne Stabilität verlieh und die als einzige spürbare Auswirkung der herannahenden Globalisierung englischsprachige Musikvideos auf einem neuen Kabelkanal mit dem Namen MTV betrachten konnten. Ansonsten aber war Deutschland wirtschaftlich, kulturell und moralisch weitgehend ein Hort der Beständigkeit, und das mobil gewordene Symbol davon war, wie der Name schon besagte, der Volkswagen. Deutscher ging es gewissermaßen nicht mehr.

Anscheinend hatte ich diesen Gedanken auch im Jahr 2016 noch verinnerlicht, obwohl die Welt da draußen nun eine ganz andere geworden war. Jedenfalls traf mich die Nachricht, bei VW müsse künftig Englisch gesprochen werden, geradezu ins Mark. Die Begründung des Konzerns lautete, man sei inzwischen derart global aufgestellt, dass man auch eine entsprechende Managementkultur benötige. Abgesehen davon, dass eine solche Formulierung mal wieder nach ziemlich abwaschbarem PR-Sprech klang und mir so etwas wie eine »Managementkultur« noch nie untergekommen war, leuchtete mir auch nicht ein, wieso man eine fremde Sprache hochoffiziell zur »Konzernsprache« machte. Das Ganze fühlte sich ein wenig so an, als gäbe es im Deutschen Bundestag künftig auch nur noch Debatten auf Englisch.

Nach der ersten Welle an Kritik beeilte sich VW mitzuteilen, natürlich dürften die rund hundertvierzehntausend Mitarbeiter an den hiesigen Standorten untereinander weiter so reden, wie sie es bisher auch taten. Nebenbei bemerkt, mochte das schon jetzt angesichts der vielen verschiedenen Nationalitäten in den Werken nicht immer nur

Deutsch sein, was aber selbstverständlich nicht weiter problematisch war. Das Signal nach außen aber war im Prinzip dasselbe, das einst unser spracharroganter Herrscher Friedrich II. mit seiner fast manischen Vorliebe für das Französische aussandte: Deutsch ist nicht mehr gut genug für uns! Wirtschaftlich gesehen, darüber sind sich die meisten Experten einig, benötigt man eine solche Maßnahme auf jeden Fall nicht. Erstens sind die meisten Menschen in Lateinamerika oder Asien ebenfalls recht wenig beschlagen in Englisch. Und zweitens gibt es den angesehenen Beruf des Dolmetschers, der schon bisher dafür sorgte, dass hochrangige VW-Angestellte in China, Brasilien oder Russland die Anweisungen aus Wolfsburg verstanden, wenn diese beispielsweise per Videokonferenz vorgetragen wurden. Nun jedoch müssen binnen einer Übergangsfrist von fünf Jahren bis 2021 alle Führungskräfte fließend – excuse me: fluently – Businessenglish speaken. Sonst droht die Termination, also die Kündigung.

Damit wir uns nicht falsch verstehen: Selbstverständlich sind Fremdsprachenkenntnisse nie verkehrt; wie sollte man etwa ansonsten einen gewöhnlichen Werbeblock im deutschen Fernsehen oder die Schaufensteraufschriften eines durchschnittlichen deutschen Innenstadtkaufhauses begreifen. Und das Mitleid mit einem hochdotierten Vorstand, der nun womöglich sein poor Knowledge in einem Kurs nach Feierabend kräftig aufpolieren muss, hält sich ebenfalls in überschaubaren Grenzen. Trotzdem ist der Zwang, eine andere Sprache sprechen zu müssen, kein gutes Signal für unsere kulturelle Identität, wie ich finde – ganz unabhängig davon, wie viele Beschäftigte am Ende tatsächlich von der Richtlinie betroffen sein werden. Eine bemerkenswerte Allensbach-Umfage von 2010 ergab jedenfalls, dass rund dreißig Millionen Deutsche noch immer über keinerlei Englischkenntnisse verfügen; übrigens nur unmerklich weniger als in den Achtzigerjahren. Dass diese Menschen nun allesamt ungebildet wären, davon darf man ganz sicher nicht ausgehen. Dass der ein oder andere aus welchem Grund auch immer eher sprachunbegabte Bewerber selbst in seinem

Heimatland aufgrund seiner Unzulänglichkeit von bestimmten Berufen ausgeschlossen wird, ist dagegen längst Wirklichkeit.

Bei anderen deutschen Unternehmen wie Adidas, Siemens oder Lufthansa nämlich hat eine ähnliche Sprachregelung wie jetzt bei VW schon länger Bestand. Anwärter, die für einen Posten oberhalb des Pförtners oder der Kantinenhilfe vorstellig werden und nicht verhandlungssicher Englisch parlieren, haben dort in der Regel keine Chance. Das jedoch stellt auch eine Art von Diskriminierung dar, wenn auch diese genannten Firmen in ihren Strukturen deutlich stärker weltweit vernetzt sind und auf einen verstärkten internationalen Austausch ihrer Belegschaft setzen. Bei Volkswagen liegen die Dinge dagegen anders: Hier arbeiten die meisten Menschen in der Fertigung. Warum sich die Bandarbeiter in Braunschweig, Salzgitter oder Emden zumindest der Form halber einer Konzernsprache Englisch unterordnen sollen, ist kaum nachvollziehbar. Und auch eine Sekretärin dürfte sich eher selten den sprachlichen Herausforderungen des weltweiten Vertriebs stellen müssen.

Auch und gerade in einer globalisierten Welt stellt Sprache schließlich ein wichtiges Stück nationale Kultur dar, das nicht für eine internationale Beliebigkeit aufgegeben werden darf. Eine Garantie für größeren wirtschaftlichen Erfolg ist das Englische auf alle Fälle nicht. In diesem Zusammenhang musste ich an meinen Vater denken, dessen Arbeitgeber Ende der Neunzigerjahre von den pathologisch materialistischen Erben der Firmengründer an einen US-Konzern verkauft worden war. Papa arbeitete in der Verwaltung eines mittelständischen, papierverarbeitenden Unternehmens, und die neuen Eigentümer forderten von ihrer Belegschaft, dass sämtliche Korrespondenz sowie alle über rein vertrauliche Informationen hinausgehenden Besprechungen nur noch in englischer Sprache abgehalten werden durften. Es sollte zwar, ähnlich wie heute bei VW, eine Übergangsfrist gelten; Führungskräfte allerdings mussten sich sofort an die neue Regelung halten. Streng genommen bedeutete dies, dass vier, fünf oder sechs deutsche Muttersprachler bei einem »Meeting« selbst dann Englisch miteinander sprechen sollten, wenn sich kein fremdsprachiger Kollege im Raum befand. Das war natürlich riesengroßer »Bullshit«, und niemand hielt sich daran. Doch wenn Gesprächsprotokolle für die neuen »Chief Operating Officers«, »Managing Directors« und »Head of Departments« verfasst werden mussten oder einer der Amis ausnahmsweise mal himself in Germany zugegen war, dann ging der Spaß richtig los.

Nun hatte mein Vater im Gegensatz zu vielen seiner gleichaltrigen Kollegen zumindest zwei oder drei Jahre Englischunterricht in der Staatlichen Oberrealschule genossen, aber erstens war das eine halbe Ewigkeit her – und zweitens ging es hier nicht um ein bisschen Small Talk über Wetter, Bier, Fußball und Bratwürste, sondern um hochkomplexe Sachverhalte das Material und die Fertigung betreffend. Und so verstanden er und die meisten anderen Experten im Betrieb von einem Tag auf den anderen nur noch »Railway Station«: Herr Melkenbauer, sein direkter Vorgesetzter, beherrschte zwar perfekt Latein und Altgriechisch, hätte aber auf dem New Yorker Flughafen nicht einmal den Ausgang gefunden, so fremd war und blieb ihm diese Sprache. Herr Thiele, der Produktionsleiter, bekam schon bei einem harmlosen »Good Morning« Schweißausbrüche aus Angst, sich zu blamieren. Und Frau Allgeier aus der Kantine erhielt tatsächlich eine Abmahnung, nachdem sie sich weigerte, ihre Wochenkarte zweisprachig zu verfassen, obwohl man keinen der »Consultants« aus Übersee jemals dort einen Leberkäse oder einen Hackbraten essen sah, was übrigens beides mit »Meatloaf« übersetzt werden kann. Die bedeutenden Manager aus Ohio hätten also ihrerseits auch das ein oder andere Mal gar nicht gewusst, was sie auf den Teller bekommen würden, wenn sie ihre Bestellung aufgaben. Vermutlich auch deswegen aßen sie lieber beim Edelitaliener in der Innenstadt.

Trotz ihrer sprachlichen Unzulänglichkeiten waren aber etwa Herr Molkenbauer und Herr Thiele absolute Fachkräfte auf ihrem Gebiet, deren Anerkennung weit über den Wirkungskreis der Firma hinausging – und, ganz nebenbei, zählte der hausgemachte Leberkäse von

Frau Allgeier zu den besten, die es im gesamten Umkreis gab. Das aber zählte nun bei den fremden Herrschaften mit der fremden Sprache nicht mehr. Manch ein Angestellter wurde depressiv ob der Tatsache, sich plötzlich nach zwanzig oder dreißig Dienstjahren wie ein Schuljunge zu fühlen, der seine Hausaufgaben nicht gemacht hatte. Nahezu hundert Jahre Unternehmenskultur mit Mitarbeitern, die für ihren Arbeitgeber durchs Feuer gegangen wären, gingen auf diese Weise binnen kurzer Zeit kaputt. Das Englischgebot in jener kleinen Kommanditgesellschaft, für die mein Vater arbeitete, war ein erster Vorbote dessen, was noch alles auf uns zukommen sollte.

Doch auch die Käufer wurden mit ihrem Erwerb nie glücklich. Nicht nur, aber auch wegen der Sprachvorschriften kündigten in den ersten Monaten nach der Übernahme viele langjährige Beschäftigte, weshalb die Amerikaner plötzlich kaum noch »Know-how« im Betrieb hatten. Zumal bewiesen sie bei ihren eigenen Trips nach Germany auch kein besonders ausgeprägtes Gespür für Land, Leute und Geografie: Das erste Mal buchten sie von den USA aus ein Fünfsterne-Hotel direkt am Frankfurter Flughafen, der zwar auf ihrer »Map of Central Europe« nur zwei Zentimeter von unserer Heimatstadt entfernt lag, was in Wirklichkeit aber mehr als zweihundert Kilometer auf einer dicht befahrenen Autobahn bedeutete und sich während einer mehrwöchigen »Trial Phase«, wie sie ihre Erkundungsreise in die alte Welt nannten, kaum zwei Mal am Tag bewältigen ließ. Ein anderes Mal wiederum verwechselten sie Nürnberg mit dem Nürburgring und reservierten ein Hotel in der Eifel. Es kam, wie es kommen musste: Nach nur drei Jahren hatten die Amerikaner eine funktionierende und traditionsreiche Firma in die Pleite gewirtschaftet. Und als Ursache ihres Scheiterns muss man leider konstatieren, dass sie ihre Mitarbeiter hier einfach nicht verstanden haben. Umgekehrt war das natürlich genauso.

This nur als little Warning an die Leader von Volkswagen, wenn künftig ihre Vorgabe in der Praxis tatsächlich bedeutet, dass Führungskräfte verhandlungssicher Englisch sprechen müssen und Präsentationen ebenso auf Englisch gehalten werden sollen wie Kongresse, Dokumente, Anleitungen oder gar Fahrzeugpräsentationen auf Messen. Sie hätten sich freilich auch ein Beispiel an Wendelin Wiedeking nehmen können, einst Vorstandsvorsitzender beim Mitbewerber Porsche. Der ging vor einigen Jahren dagegen den umgekehrten Weg: Er verordnete Deutsch als verbindliche Konzernsprache! Natürlich könnten sich die meisten seiner Manager auch auf Englisch verständigen, sagte Wiedeking damals in einem Gespräch mit einem Reporter. Aber das sei eben nicht auf allen Arbeitsebenen der Fall. Ganz schwierig würde es etwa bei wichtigen Details wie den Einzelteilen eines hoch komplexen Motors. Außerdem wolle er kein Unternehmen leiten, in denen man muttersprachliche Mitarbeiter benachteilige.

In Wiedekings Amtszeit stieg der Börsenwert von Porsche von dreihundert Millionen auf rund fünfundzwanzig Milliarden Euro. Man sprach dabei die ganze Zeit erstaunlicherweise Deutsch.

Weil die Happy Hour nicht jeden glücklich machte

Für einen halbwüchsigen Pennäler mit wenig Geld, wie ich vor bald dreißig Jahren einer war, gab es seinerzeit jeden Werktag eine äußerst erfreuliche Einrichtung: Im Wirtshaus »Zur Landwehr«, das sich praktischerweise im Epizentrum zwischen drei großen Schulen sowie der wirtschaftswissenschaftlichen Fakultät der Universität befand, gab es zwischen 17 und 19 Uhr eine sogenannte »Happy Hour«. Während dieser kostete jedes Bier den halben Preis. Das bedeutete, dass sich meine Freunde und ich für jeweils nicht einmal zehn Mark anständig amüsieren konnten – was uns damals vermutlich wirklich ein bisschen glücklich machte. Ab sieben hatte das »Zur Landwehr« einen derartigen Nachlass dann nicht mehr nötig, denn der Laden war Abend für Abend sehr gut besucht. Wenn man allerdings wie wir während der »Happy Hour« bereits das ein oder andere billige Weizen konsumiert hatte, brauchte man später ohnehin nur noch ein kleines Pils, bevor man einigermaßen beseelt nach Hause ging.

Über Sinn, Unsinn oder Herkunft des Begriffs »Happy Hour« machte ich mir damals natürlich keinerlei Gedanken. Diese beiden Worte wurden im englischen Sprachraum gemeinsam bereits in den Zwanzigerjahren genutzt, um Zeitintervalle zu beschreiben, die für die Besucher einen gewissen Unterhaltungswert besaßen: Eine »Happy Hour« war zum Beispiel eine musikalische oder tänzerische Darbietung, die in einer Bar oder einem Klub immer zu einer festen Uhrzeit stattfand. Erst mit der Prohibition wurde die Bezeichnung vor allem mit dem Konsum von alkoholhaltigen Getränken in Verbindung gebracht. Seinerzeit wurde Alkohol nämlich oft schon vor dem Abendessen getrunken, weil der Ausschank in den öffentlichen Gaststätten ja verboten war, weshalb die »Happy Hour« auch viel später noch immer meist am frühen Abend begann.

Wenn ich mich an unsere »Happy Hour« im Lokal »Zur Landwehr« zurückerinnere, dann könnte ich schwören, dass dies der einzige englische Terminus auf der umfangreichen Speise- und Getränkekarte war, die ansonsten typisch deutsche Hausmannskost wie Linseneintopf, Schnitzel mit Bratkartoffeln, Sülze oder Tellergulasch mit Schwarzbrot enthielt; Speisen, die man unmöglich anders benennen konnte, ohne sich komplett lächerlich zu machen. Immerhin handelte es sich bei dem verwinkelten Lokal um eine uralte Kneipe, in der jede Menge Nippes aus wahrscheinlich zwei oder drei Jahrhunderten lagerte und deren Tische und Stühle aus dunklem Massivholz bestanden, während der Tresen die Narben unzähliger heimlich mit dem Taschenmesser verewigter Liebesbekundungen enthielt. Hier aßen und tranken schon unsere Eltern, als sie noch jung waren, unsere Großeltern ebenfalls, und der vermutlich einzige Unterschied zu früher bestand darin, dass Opa und Oma noch nicht in den Genuss einer »Happy Hour« gekommen waren, sondern allenfalls eine »Blaue Stunde« einläuteten, die dem ungeachtet nichts mit einem Rabatt zu tun hatte.

Wie das heutzutage jedoch nun mal so ist mit den sich immer schneller wandelnden Moden, entsprach das »Zur Landwehr« eines Tages nicht mehr dem viel beschworenen Zeitgeist. Die jungen Menschen zog es nicht mehr in ein Wirtshaus, das sich überdies selbst noch als solches bezeichnete, und sie hatten auch keine Lust mehr auf Schweinekotelett oder Krautroulade. Das gute, alte »Zur Landwehr« war plötzlich so »out«, wie eine ganz einfache, altmodische Gaststätte nur »out« sein konnte, und nach drei oder vier Pächterwechseln binnen weniger Jahre kam das endgültige Aus – da nutzte selbst die billigste »Happy Hour« nichts mehr. Als ich viele Jahre nach meinem letzten Besuch an einem sonnigen Junimorgen zufällig dort vorbeispazierte und sah, wie die dunklen Möbel und der stolze Tresen zu Einzelteilen zertrümmert in einem Bauschuttcontainer verschwanden, schwante mir bereits Übles. Ich sollte leider Recht behalten.

Der erste Nachfolger des traditionsreichen Wirtshauses »Zur Landwehr« wurde ein knallbunter Laden namens »Billy Bean and Company«. Der Name von neuartigen Gastronomiekonzepten dieser Art war wichtig, er musste möglichst witzig klingen und noch witziger aussehen. Das Schild des »Zur Landwehr« war in Frakturschrift gezeichnet und hatte sonst keine weiteren Besonderheiten. Das Logo von »Billy Bean« dagegen zeigte eine lachende Kaffeebohne mit Hornbrille. Es herrschte eine neue Zeit, in der selbst einheimische Existenzgründer in der Provinz ihre Objekte so ähnlich benannten, wie sie es bei ihrem Praktikum in San Francisco, L.A. oder wenigstens Berlin-Kreuzberg bereits zigfach gesehen hatten.

In dieser Zeit kam beinahe jedermann am Morgen statt mit einer Thermoskanne und einer Tupperschüssel mit einem durchsichtigen Strohhalmbecher sowie einer flippigen Papiertüte mit lustigen englischen Werbesprüchen drauf zur Arbeit oder in die Uni, weil das verdeutlichen sollte, dass auch die Lebenseinstellung des Käufers total vorwärtsgewandt war. Auch bei »Billy Bean and Company« ging es im Grunde gar nicht darum, irgendwelche kleinen Speisen anzubieten. Stattdessen verkaufte man hier vor allem ein Lebensgefühl. Im Becher befand sich folglich vorzugsweise irgendein roter, grüner oder gelber »Smoothie«, eine Art flüssiger Obst-Milchbrei, und in der Tüte lagen »Donuts«, »Muffins« oder »Bagels« mit »Cream Cheese«. Wer jetzt noch ein Bamberger Hörnchen frühstückte, eine Brotzeit machte oder gar ein Kassler Rippchen zu Mittag aß, war bestenfalls hoffnungslos altmodisch. Der Imbiss wurde nun international, Kaffeehäuser entwickelten sich zu »Coffeeshops«, Bäckereien zu »Delis« und stinknormale Wurstbuden zum schicken »Food Truck«. Warum genau das so war, konnte niemand erklären, aber das Geschäft lief offenbar derart gut, dass beispielsweise die bebrillte Bohne bald auch an etlichen anderen Orten der Stadt zu sehen war.

Nach vier oder fünf Jahren jedoch war zumindest deren Blütezeit schon wieder vorbei. »Billy Bean and Company« schloss der Reihe nach all seine Filialen – auch, weil sich die wirklich internationale Konkurrenz wie »Subway«, »Dunkin' Donuts« oder das wie erwähnt kurzzeitig sogar von mir geschätzte »Starbucks« inzwischen in der gesamten Innenstadt breitgemacht hatte und die lokalen Kopien verdrängte. Die bunten Einrichtungsgegenstände aus Plastik ereilte das gleiche Schicksal wie einst die Holzmöbel des Wirtshauses »Zur Landwehr«. Dieser Anblick verschaffte mir für den Augenblick etwas Genugtuung, die zu meinem Bedauern nicht besonders lange anhielt. Nach einigen Monaten Leerstand, der sinnigerweise mit der Aufschrift »For sale or to rent« auf den Fenstern begleitet wurde, zog nämlich abermals ein progressiver Gastrobetrieb ein.

Der Zeitung entnahm ich, dass der Umbau die neuen Betreiber stattliche hunderttausend Euro gekostet hatte, aber der früher so gemütliche Raum sah jetzt aus, als befände man sich inmitten des Eingangsbereichs eines maroden Parkhauses. Das aber wäre noch nicht einmal das Schlimmste gewesen: Das Lokal hieß nun »Eateria« und trug dazu den entsetzlichen Untertitel »Fine dining and drinking«. Ein erster Blick auf die Karte verriet, dass diese nicht mehr lapidar in »Speisen« und »Getränke« unterteilt war, sondern in »Food« und »Drinks«. Das war nur konsequent, denn auf den sechs Seiten befand sich ohnehin kein einziger deutschsprachiger Begriff mehr: Die Vorspeisen nannten sich »Starters« und bestanden etwa aus »Homemade Fries«, »Spicy

Nachos with Dips«, einer »Creamy Tomato Soup« oder einem »Fresh Caesar Salad«. Die Hauptgerichte indes wurden als »Main Courses« zusammengefasst, man konnte sich zum Beispiel zwischen »Fish and Chips«, einem »Grilled Chicken«, dem »Spicy Red Curry« oder einem »Smoked Salmon« entscheiden, zu dem man sich sogar noch eine »Side Order« extra aussuchen durfte, »Country Potatoes« womöglich oder »Bolied Rice«. Die »Special Offers« auf einer eigenen Tafel annoncierten offenbar das jeweilige Tagesessen, und wem angesichts all dessen noch nicht der Appetit vergangen war, der hatte vielleicht noch Lust auf einen »Apple Crumble with Cream Topping« oder »Homemade Waffles«. Bezahlt wurde überraschenderweise nicht in Dollar oder Pfund, sondern trotz allem in Euro, aber auf der Rechnung stand ganz unten immerhin die Abschiedsformel »Thank you for visiting us«.

Gegen diesen Laden schienen selbst die Vorreiter angloamerikanischer Esskultur wie McDonald's, Burger King oder Kentucky Fried Chicken reinste Sprachbewahrer zu sein, denn in der »Eateria« hieß das Rindfleisch »Beef«, das Schwein »Pork«, das Gemüse »Vegetables« und der Kartoffelbrei »Mash«. Dass in all diesem Sprachwust auch noch ein Pfälzer Riesling aufgeführt wurde, konnte eigentlich nur ein Versehen sein – schließlich wurde hier selbst eine stinknormale weiße oder gelbe Limo als »Homemade Sparkling Lemonade« beworben. Jedes Mal, wenn ich an diesem taghell ausgeleuchteten Wichtigtuertreffpunkt vorbeikam, drehte sich mir der Magen um, dabei hatte ich dort nicht ein einziges Mal gegessen.

Auch anderswo in der Gastronomie schien die deutsche Sprache auf einmal zu den Speiseabfällen zu gehören: Alleine im näheren Umkreis der »Eateria« öffneten binnen eines Jahres das »Royal Grill House« in der einstigen »Alten Post«, die »Tex Mex Lounge« im früheren »Speisehaus Weber«, die »Kitchenette« im »Scharfen Eck« und – besonders schlimm – der »Yellow Horsemann« im »Tanzcafé zum Gelben Reiter«. Man offerierte dort »BBQ Spareribs«, »Veggie Burger« und »Mixed Grill Platters«, die Gäste konnten bis zum Nachmittag das »All american Breakfast« bestellen und am Sonntag ganztags »brunchen« gehen, es gab romantische »Candlelight-Dinners« für Verliebte und »All you can eat«-Angebote für Nimmersatte. Nur ganz normal essen und trinken konnte man dort überall nicht mehr.

Nach ein paar Jahren machte wenigstens die unsägliche »Eateria« wieder zu. Ihre Einrichtung landete – mitsamt der Speisekarten – abermals auf dem Sperrmüll, und erneut gingen einige Monate ins Land, bis ich für einen Augenblick die vage Hoffnung schöpfte, dass doch noch nicht alles verloren war in Sachen Esskultur und deutscher Sprache. Ein Schild an der Eingangstür kündigte an, die künftigen Pächter wollten sich auf die geschichtsträchtigen Wurzeln dieses Gebäudes besinnen, Generationen von Schülern und Studenten hätten schließlich wunderschöne Erinnerungen an das Wirtshaus »Zur Landwehr«, also wolle man mit dem künftigen Konzept daran anknüpfen. Das hörte sich gut an, und obwohl sich das Phänomen neudeutsch »Retro Style« nannte, traf es abermals den Zeitgeist, nur dass der sich in den letzten Jahren zu wandeln schien: hin zu einer Besinnung auf vorgeblich alte Werte, Tugenden und vielleicht sogar auch auf Traditionslokale, in denen eine zweistündige »Happy Hour« das einzige Zugeständnis an die Moderne war.

Einige Wochen später war es dann soweit, das »Landwehr's« öffnete seine Pforten, und obwohl ich mich ein wenig an dem unnötigen Apostroph im Namen störte und die Präposition »Zur« vermisste, war ich froh, womöglich wieder einen Anlaufpunkt zu haben, der mich an meine Jugend erinnerte, in jeglicher Hinsicht. Die Einrichtung war durchaus gelungen: Die alten, dunklen Holzmöbel ließen sich natürlich nicht mehr genau rekonstruieren, aber der Stil bestand aus einer ansprechenden und geschmackvollen Mischung aus Alt und Neu. Mit dieser Art Mode, so dachte ich, würde ich mich eventuell anfreunden können. Ich setzte mich auf eine der Bänke, nahm die Karte in die Hand, schlug sie auf – und war entsetzt. Anstatt eines normalen hellen oder dunklen Bieres, wie ich mir gerade gerne eines bestellt hätte, fand ich ein

»Indian Pale Ale« vor, ein »English Stout«, ein »Belgish Trappist«, ein »Baltic Porter« und andere unaussprechliche Sorten. Das »Landwehr's« war, wie ich erst jetzt erkannte, eine »Craft Beer Location« geworden, mit wöchentlichen »Tastings«, »Tapping Trainings« und einem »Live Brewing Event«, das »every first Friday« im Monat stattfinden sollte. Ich schlug die Karte zu und ging wieder, obwohl ich sehr gerne Bier trank.

Man mag mich für kleingeistig halten oder rückwärtsgewandt, aber ich fühlte mich einfach nicht wohl in einem Gasthaus, in dem ich einen Übersetzer brauchte, um zu verstehen, was ich mir gerade bestellt hatte – egal, wie gelungen die Einrichtung und wie süffig die Getränke auch sein mochten. Darüber hinaus wurde ich den Verdacht nicht los, dass manche dieser Begrifflichkeiten dazu dienten, den Gästen ein bisschen mehr Geld aus der Tasche zu ziehen als sie eigentlich auszugeben bereit waren. Und auch in diesem Geschäftsfeld eigneten sich Anglizismen offenbar ganz hervorragend dafür, einfache Dinge deutlich bedeutender klingen zu lassen als sie in Wirklichkeit waren. Ein »Old Bavarian Lager«, das bei näherer Betrachtung nichts anderes als ein normales helles Bier einer örtlichen Brauerei war, konnte jedenfalls gar nicht so gut schmecken, dass ich sieben Euro für ein kleines Glas davon bezahlt hätte. Und dummerweise gab es ausgerechnet hier keine »Happy Hour« mehr. Allerdings sicher nicht aus sprachlichen Gründen.

Weil wir keinen Negerkuss mehr essen durften

Herrn Schlesinger fremdenfeindlich zu nennen, wäre nicht nur eine grobe Beleidigung. Es würde seine gesamte Lebensleistung in den Schmutz ziehen angesichts dessen, wie großherzig er sich stets für andere Menschen eingesetzt hatte; ganz gleich, woher diese stammten. Auch er war schließlich einmal ein Fremder gewesen, und deshalb arbeiteten in seinem kleinen Verkaufswagen immer ein paar jener armen Teufel, die ansonsten überhaupt keine Anstellung mehr fanden und die ohne den Lohn von Herrn Schlesinger ziemlich aufgeschmissen gewesen wären. Einmal im Jahr veranstaltete er unter seinen Schaustellerkollegen eine Sammelaktion für hilfsbedürftige Familien aus dem Banat, aus dem er selbst stammte. Und was am Ende einer jeden Kirmes an Süßigkeiten übrig blieb, verteilte er an die eritreischen Kinder im örtlichen Flüchtlingsheim, die ihn beinahe verehrten wie einen Heiligen. Im heutigen Sprachgebrauch wäre Herr Schlesinger also vermutlich ein »Gutmensch«, aber von einem Tag auf den anderen wurde er ganz ohne sein Zutun zum Rassisten. Herr Schlesinger verkaufte nämlich »Negerküsse«.

Natürlich verkaufte er nicht nur Negerküsse: Er besaß einen Stand, der bis oben hin vollgestopft war mit Lebkuchenherzen, gebrannten Mandeln, bunten Gummibären und weißen Schaumstoffmäusen. Besonders stolz war er auf seine Zuckerwattemaschine, die auch rote oder grüne Watte herbeizaubern konnte. Und auf sein selbst gemachtes Vanille- und Erdbeereis, das – wenn er es für einen Moment in warme Schokoladenglasur tunkte – zum »Eismohr« wurde, worauf ein gelbes Fähnchen an der Außenseite des Wagens hinwies. Ich liebte Herrn Schlesinger und seine Naschereien, aber besonders liebte ich den klebrigen Eismohr, den ich mir von meinem Taschengeld kaufte, wann immer in der Gegend ein Fest stattfand, auf dem »Schlesingers Süßwaren« zugegen waren. Ich war ein Kind, ich machte mir natürlich keine Gedanken darüber, ob solche Begriffe nun politisch korrekt waren oder nicht. Und Herr Schlesinger tat dies erst recht nicht. Er verkaufte seine Waren seit fast einem halben Jahrhundert unter den gleichen Namen, und niemals, wirklich niemals hatte sich irgendjemand darüber aufgeregt. Auch nicht die dunkelhäutigen eritreischen Kinder und deren Angehörige aus dem Heim in unserem Viertel.

Eines Tages aber erschien ein langer Artikel in einem Stadtteilmagazin über Herrn Schlesinger. Der Verfasser beschwerte sich darüber, dass man in der heutigen Zeit nicht mehr »Negerkuss« sagen dürfe und auch nicht »Eismohr«. Und schon gar nicht dürfe man eine Fahne an seinem Verkaufswagen befestigen, auf der ein kleiner, barfüßiger schwarzer Junge mit einem Bastrock an einer Eistüte leckte und lachte. Das sei Diskriminierung in Reinform und übelster Rassismus, und wenn Herr Schlesinger das Ding nicht abhängte und die Verkaufsbezeichnungen änderte, dann sollte er seine Produkte nicht mehr auf dem nächsten Stadtteilfest anbieten dürfen. Der Autor wählte recht drastische Formulierungen, es fielen die Worte »widerlich« und »Schande«, er nannte Menschen wie Herrn Schlesinger »geistige Brandstifter«. Danach war nichts mehr wie es war. Die Debatte an sich war nicht neu, es gab sie bereits seit einigen Jahren, und sie hatte ja durchaus einen sinnvollen und ernsten Kern. Das

Wort »Neger« existierte in der deutschen Sprache bereits seit vierhundert Jahren, es stammte aus dem Lateinischen und meinte schlichtweg »schwarz«, genauso wie der »Mohr«, dessen Ursprünge im griechischen »amauros« lagen, was »dunkel« hieß. Die Begriffe an sich wären also nicht das Problem gewesen – sie beschrieben ja ohne Wertung nur das, was man diesen Menschen ohne Zweifel tatsächlich ansah. Das Problem war der Zusammenhang: Neger und Mohren waren zur damaligen Zeit in den Augen der allermeisten weißen Europäer gerade keine gleichrangigen Existenzen, sondern so etwas wie Sklaven und Wilde, die es zu zähmen und zu kolonialisieren galt. Und in diesem Kontext entwickelten sich die Bezeichnungen schließlich zu Schimpfwörtern und Herabwürdigungen. Insofern war es in einer modernen, aufgeklärten und toleranten Gesellschaft selbstverständlich, dass man jemanden mit einer dunklen Hautfarbe nicht Neger oder Mohr nannte, um ihn zu beleidigen.

Auch die Weltliteratur strotzte vor derartigen Andeutungen: Bei Shakespeares Othello lautete der Untertitel »Der Mohr von Venedig«, in Mark Twains »Huckleberry Finn« kommt das Wort »Nigger« gleich mehrfach vor, und selbst Emanuel Schikaneder verstieg sich in seinem Libretto zu Mozarts »Zauberflöte« zur Abfassung »Weil ein Schwarzer hässlich ist«, gesungen vom Mohren Monostatos, als dieser Pamina bedrängt. Die Herren Shakespeare, Defoe, Twain oder Schikaneder waren bestimmt keine Rassisten, aber sie lebten eben in ihrer Zeit und bedienten sich der damals üblichen Stereotypen. Später zählte das alles als hochrangige Sprachkultur, und wer sich damit auseinandersetzte, wer also in der Staatsoper Verdis musikalischer Umsetzung von »Othello« lauschte und dabei meist einem weißen Tenor zuhörte, der dunkelbraune Schminke im Gesicht trug, der konnte in der Regel auch differenzieren, was und wie manches seinerzeit gemeint war.

Unsere gegenwärtige Zeit indes brachte es offenbar mit sich, dass es Eiferer gab, bei denen die Empörung zur Lebensaufgabe wurde. Es fing damit an, dass es im Deutschen keine »Ausländer« mehr geben durfte.

Der Duden empfahl bereits im Jahr 2006 in seinem Universalwörterbuch, diese Bevölkerungsgruppe lieber zu »ausländischen Mitbürgern«
zu machen. Dass diese Leute unsere Mitbürger waren, musste man
eigentlich nicht gesondert erwähnen, weil es doch selbstverständlich
erschien; Herr Dorn etwa, der vor vielen Jahren aus Pirmasens in das
Haus neben dem meiner Eltern gezogen war, war ja auch kein »inlän-
discher Mitbürger«, sondern schlicht und ergreifend unser Nachbar.
Das aber war nur der Anfang – denn kurz darauf wurden die ausländischen Mitbürger schon wieder umbenannt, diesmal zu »Migranten«,
obwohl die wenigsten von ihnen zu uns »wanderten«, wie es dem
Wortsinne nach zu vermuten stand, sondern entweder mit dem Flug-
zeug, dem Zug oder dem Auto nach Deutschland gelangten oder gar
als, mit Verlaub, Ausländerkinder hier geboren wurden. Bald bekam
der Migrant auch noch einen entsprechenden »Hintergrund« verpasst,
ein entsetzlicher, bürokratischer Begriff, der ganze soziale Gemein-
schaften abstrahierte. Doch auch mit dieser vermeintlich völlig un-
diskriminierenden Variante war offenbar nicht jeder zufrieden: Mein
türkischer Bekannter Mesut jedenfalls wurde regelmäßig stinksauer,
wenn ich ihm scherzhaft einen »Migrationshintergrund« bescheinigte.
Also ließ ich es.
Am traditionsreichen deutschen Verb »türken« störte Mesut sich dagegen nicht. Dennoch wanderte es bald auf den Index – dabei ist seine vermutliche Entstehungsgeschichte einfach zu schön: Im Jahr 1769
konstruierte der aus Pressburg stammende Erfinder Wolfgang von
Kempelen eine Maschine, die er »Schachtürke« nannte, weil eine in
ein türkisches Gewand gehüllte Puppe sämtliche Züge ausführte; gal-
ten doch die Türken als die besten und klügsten Schachspieler ihrer
Zeit. Tatsächlich jedoch steckte im Inneren von Kempelens Apparat
ein leibhaftiger Mensch, der die Puppe heimlich bediente – das Syno-
nym für eine gerissene Täuschung war geboren. Ebenso aus unserem
Wortschatz verbannt wurde der »Mohammedaner«, obwohl dieser eigentlich ganz wertneutral und vergleichbar mit einem »Christen« oder

einem »Buddhisten« die Anhänger der Lehren Mohammeds beschreibt und trotzdem muslimische Gläubige kränken könnte.

Der aus dem Byzantinischen stammende Ausdruck »Zigeuner« beleidigte plötzlich Sinti und Roma, weshalb ein saftiges Stück Schweinefleisch mit scharfer Paprikasoße alles war, nur kein »Zigeunerschnitzel«. In Hannover erließ die Stadt sogar eine entsprechende Vorgabe an ihre Wirte und strich das Gericht vom Angebot in den Amtskantinen. Ein Gastronom aus Wiesbaden indes machte sich aus der Aufregung einen Spaß und nannte die auf einmal umstrittene Speise auf seiner Karte »Sinti- und Roma-Schnitzel«, was wiederum zu Proteststürmen einiger besonders sensibler Zeitgenossen führte – obwohl selbst die Verantwortlichen des Zentralrats der Sinti und Roma über die Posse schmunzeln mussten. Die politisch korrekte Bezeichnung für Menschen dieser Volksgruppe lautete nun »mobile ethnische Minderheit«, kurz MEM, aber auf einer Menütafel sah so etwas irgendwie auch nicht besonders lecker aus.

Parallel dazu wurden die Indianer zunächst zu Ureinwohnern Amerikas und hernach zu indigenen Völkern. Und selbst der Eskimo besaß nun einen negativen Unterton, weil sich eine der sechs Aktivistengruppen an der Bezeichnung störte, seitdem Sprachwissenschaftler herausgefunden haben wollten, dass »Eskimo« in etwa »Rohfleischesser« bedeutete. Stattdessen forderten sie die flächendeckende Einführung des Begriffes »Inuit« – der aber wiederum lediglich die kanadischen und grönländischen Volksgruppen umfasste und die »Yupik« auf der russischen Tschuktschen-Halbinsel sowie die in Alaska lebenden »Inupiat« außen vor ließ. Es schien, als sei es verdammt schwer geworden, sprachlich allen Interessen gerecht zu werden.

Nicht einmal vor wunderbarer und zeitloser Kinderliteratur machten die selbst ernannten Sprachschützer Halt: Die 2002 gestorbene Astrid Lindgren musste zum Glück nicht mehr erleben, wie ihre Pippi Langstrumpf zensiert wurde und aus Pippis Vater Efraim, bekanntermaßen bislang als »Negerkönig« aktiv, ein »Südseekönig« wurde. Ottfried

Preußlers 1957 erschienene und in siebenundvierzig Sprachen übersetzte »Kleine Hexe« enthielt ebenfalls eine umfassende sprachliche Entschlackungskur in Bezug auf den »Neger« und den »Zigeuner«, auch der »kohlpechrabenschwarze Mohr« im berühmten »Struwwelpeter« des Frankfurter Psychiaters Heinrich Hoffmann hatte nach über hundertsechzig Jahren selbstverständlich ausgedient. Und wer es wagte, den 1886 verfassten Zählreim der »Zehn kleinen Negerlein« zu zitieren, ursprünglich ein Liedtext des hochgelobten amerikanischen Schriftstellers Septimus Wimmer, stand moralisch fortan fast auf derselben Stufe wie ein Kapitalverbrecher.

Es war schon sonderbar: Das Internet ermöglichte uns zum Beispiel, binnen dreier Klicks jeden noch so vulgären Schwachsinn selbst ernannter Gangster-Rapper aufzurufen, die in ihren Titeln brutale Vergewaltigungen verharmlosten und Drogenmissbrauch propagierten, die Homosexuelle beleidigten und Frauen herabwürdigten. Preisgekrönte, historische Literatur aber wurde durch die Verwendung bestimmter Begriffe auf einmal zur Keimzelle von Hass und Rassismus, obwohl der Kontext dies in den meisten Fällen nicht im Ansatz hergab. Selbst abseits der Sprache traf der politisch korrekte Bannstrahl ins Ziel. So sah sich der Schokoladenhersteller Sarotti genötigt, seinen 1918 als Werbemaskottchen eingeführten Mohr im Jahr 2004 in einen goldenen Magier zu ändern. Und gegen einen Mainzer Dachdecker wurden 2015 Boykottaufrufe laut, weil sein jahrzehntealtes Unternehmenslogo eine lachende schwarze Frau mit Spitzhacke in der Hand zeigt. Der Mann heißt Thomas Neger, sein Großvater Ernst war einer der bekanntesten Fastnachtssänger Deutschlands sowie Bundesverdienstkreuzträger – und nie in den fünfzig Jahren zuvor hatte sich jemand am Firmenzeichen der braven Handwerksfamilie Neger gestört.

Was all die Vorkämpfer für schriftliche und optische Euphemismen bei ihren Bemühungen jedoch außer acht lassen ist, dass es einen signifikanten Unterschied gibt, ob man an einer Süßwarenbude einen Negerkuss verlangt, seinen Kindern aus Pippi Langstrumpf vorliest, ein Zigeunerschnitzel mit Pommes bestellt – oder einen anderen Menschen mit einem Schmähwort beschimpft, weil man ihn für minderwertig hält oder ihn verbal verletzten möchte: Respekt vor dem anderen kann man kaum erlernen, nur weil manche Begrifflichkeiten per Dekret verboten werden. Vielmehr erwirbt man diese Tugend durch Erziehung, Herzensbildung und Weltoffenheit. Im Übrigen enthält jeder Film des zweifachen Oscar-Preisträgers Quentin Tarantino öfter die verächtliche Beleidigung »Nigger« als die Gesamtausgabe von Mark Twain. Ein Rassist aber ist auch Tarantino sicher nicht. Sprache kann verletzen, ohne Frage; aber sie kann nichts dafür, wenn sie in verletzender Art und Weise verwendet wird. Und wenn unsere Polizei eine homogene Tätergruppe aus verschiedenen nordafrikanischen Staaten nicht »Nafris« nennen darf, sich aber ungestraft von anderer Seite als »Bullenschweine« bezeichnen lassen muss, erscheint in der ganzen Diskussion um eine politisch korrekte Sprache etwas ganz gehörig aus den Fugen geraten zu sein.

Herrn Schlesinger wäre es niemals in den Sinn gekommen, einen anderen Menschen zu beleidigen, mit welchem Begriff auch immer. Er hatte stets großen Respekt vor den anderen, und selbst über den Verfasser, der den Artikel über ihn schrieb, empörte er sich nicht. Nachdem die ganze Sache jedoch immer weiter vor sich hin gärte und kurz darauf sogar die Kommunalpolitik beschäftigte, beschloss er, sich zur Ruhe zu setzen. Nach fast fünf Jahrzehnten als Schausteller hatte er mit diesem Gedanken ohnehin schon länger gespielt, nun aber beschleunigte der hässliche Streit seinen Entschluss noch einmal. Er verkaufte sein Geschäft an einen Nachfolger, der sogleich die Fahne mit dem Eismohr abhängte und das Schild mit den Negerküssen austauschte. Sie heißen nun »Schaumküsse«, das mag vollkommen statthaft sein, aber ich werde trotzdem keinen mehr davon essen. Ich finde nämlich, dass das recht unappetitlich klingt. Es klingt, als habe man Schaum vor dem Mund. Beim Essen. Und wahrscheinlich auch beim Diskutieren.

Weil ein Fernseh-
sender meinte,
uns entertainen
zu müssen

Der Blick zurück erschien stets auch ein bisschen trügerisch. Je weiter der Abstand zu bestimmten Ereignissen war, desto größer wurde die Gefahr, diese Ereignisse wider alle Objektivität zu verklären. Beim Blick auf das gegenwärtige Fernsehangebot beispielsweise geht es zumindest mir so, als sei die Zeit vor dreißig Jahren geradezu das televisionäre Paradies gewesen, mit ausschließlich anspruchsvollen Unterhaltungs-sendungen, intelligenten Serien und hochspannenden Krimis. Nun gehöre ich zu der Generation, die sich noch zwischen gerade einmal drei Programmen entscheiden musste; eine Entscheidung, die meist für den ganzen Abend Bestand hatte, weil kein Familienmitglied be-sondere Lust verspürte, extra zum Fernsehapparat zu laufen und dort umzuschalten. Die Jüngeren unter uns, die aufgewachsen sind mit un-gefähr hundert deutschsprachigen Sendern im Privat-TV, Bezahlfern-sehen und nicht zuletzt den sogenannten »Streamingdiensten«, veror-ten diese Epoche wahrscheinlich irgendwo zwischen der Erfindung des Automobils und dem Ersten Weltkrieg. Tatsächlich aber startete das

Privatfernsehen in Deutschland erst am 1. Januar 1984 um exakt 9.58 Uhr; vom 1956 bis 1958 bestehenden Experiment »Telesaar« aus dem Saarland einmal abgesehen.

Und natürlich gab es auch in der Ära der Alleinherrschaft des öffentlich-rechtlichen Rundfunks Formate, die man sich vermutlich nur deswegen ansah, weil man nicht wusste, was man sonst um viertel nach Acht unternehmen sollte. Auch die viel gerühmte und inzwischen oft vermisste Samstagabendunterhaltung mit verblichenen Stimmungsgaranten wie Peter Frankenfeld, Rudi Carrell, Hans-Joachim Kulenkampff oder Joachim Fuchsberger hätte man sicherlich die ein oder andere halbe Stunde straffer gestalten können, und über manch arg banale Dialoge aus der »Familie Hesselbach« oder der »Schwarzwaldklinik«, aus »Derrick« oder den »St. Pauli Landungsbrücken« hüllen wir besser den Mantel des Schweigens. Eines aber haben die Fernsehmacher der vergangenen Tage weitgehend beherzigt: Sie haben ihre Zuschauer vorwiegend in unserer schönen Landessprache angesprochen, wie es eigentlich selbstverständlich sein sollte.

Zwar zeigte vor allem das ZDF in seinen Anfangsjahren vorwiegend aus dem Ausland zugekaufte Serien, aber selbst hier bemühten sich die Verantwortlichen neben einer gewissenhaften Dialogregie, die oft einen treffenderen Wortwitz hervorbrachte als das Original, zudem um eine halbwegs gelungene Übersetzung des Titels ins Deutsche: Aus »My favorite Martian« wurde »Mein Onkel vom Mars«, »It takes a Thief« hieß bei uns »Ihr Auftritt, Al Mundy«, die »Rauchenden Colts« wurden im Original »Gunsmoke« genannt, »I dream of Jeannie« avancierte zur »Bezaubernden Jeannie« und die »Little Rascals« verübten ihre Streiche hierzulande als die »Kleinen Strolche«. Besonders viel Mühe gab man sich bei den »Avengers«, deren deutscher Titel nicht wortgetreu »Die Rächer« lautete, sondern »Mit Schirm, Charme und Melone« und somit weitaus origineller war als das Original – oder beim herrlich doppeldeutigen »Ein Colt für alle Fälle«, der in den USA lapidar als »The Fall Guy« ausgestrahlt wurde.

Der Siegeszug des privaten Rundfunks veränderte die Fernsehland-
schaft allerdings fundamental. Ob nun das allgemeine Niveau dieses
Mediums in den letzten drei Jahrzehnten unter der verstärkten Konkurrenz gelitten hat, mögen andere beurteilen. Bergab ging es auf jeden Fall für die deutsche Sprache, woran ein einzelner Sender leider
maßgeblichen Anteil hat: Als am 1. Januar 1989 im Münchner Vorort
Unterföhring der Startschuss für den neuen Kanal Pro7 fiel, waren die
Spalten der Programmzeitschriften noch weitgehend auf Deutsch gehalten, ausgenommen höchstens neuartige Formate wie der Gymnas-
tikratgeber »Let's move« in der ARD, der »Tele Star« im ZDF, »Love
Boat« auf SAT.1 oder »California Clan« auf RTL. Auch Pro7 selbst
gab sich zunächst zurückhaltend und warb für sich mit dem nicht un-
sympathischen Reklamespruch »Da können Sie was erleben«, der immerhin bis 1996 Bestand hatte. Danach hieß es kurz »Alles Gute aus
Hollywood« und wiederum etwas später schlicht »Gute Unterhaltung«,
bevor das Unternehmen eine eigene Agentur gründete, die sich im Jahr
2003 den Leitsatz »We love to entertain you« ausdachte. Das Ansinnen,
uns liebend gerne zu unterhalten, mochte edel anmuten. Sprachlich jedoch war der englische Slogan offenbar der Todesstoß für nahezu alle
deutschsprachigen Sendeformen dort.
Heute sieht ein Programmtag auf Pro7, dargestellt anhand eines durchschnittlichen Freitags, in etwa so aus: Um 5.15 Uhr läuft »Baby Daddy«,
gefolgt von zwei Episoden »How I met your Mother«. Dann kommen
»Mike & Molly«, je zwei Mal »Two Broke Girls« sowie »Two and a half
Men«. Nach vier Mal »The Big Bang Theory« und erneut einigen Folgen von »Baby Daddy«, »How I met your Mother«, »Two and a half
Men« und »The Big Bang Theory« folgt um 17 Uhr das – Achtung –
»Lifestyle-Magazin« namens »Taff«, dessen Titel nach Senderangaben
eine Abkürzung für »Täglich, frisch, frech, aktuell« bedeuten soll, in
Wahrheit aber eine schmerzhafte Eindeutschung des englischen Wört-
chens »Tough« ist. Die Nachrichten heißen hier »Newstime«, nach den
»Simpsons« erinnert die Sendung »Galileo« mit ihrer Reminiszenz an

den italienischen Universalgelehrten Galileo Galilei zumindest marginal an kontinentale Sprachkultur. Um 20.15 Uhr gehen die »Storm Hunters« auf die Jagd, im Anschluss wartet »The Pyramid«, hernach hat »Devil's Due« als »die Teufelsbraut« immerhin einen deutschen Untertitel. Das wöchentliche Kinomagazin nennt sich hingegen lediglich »Watch me«, nun ist es bereits kurz vor zwei Uhr nachts, und der ganze Irrsinn fängt von vorne an – wenn nicht an anderen Tagen Formate wie »Germanys next Topmodel«, »Red«, »Comedystreet«, der »Big Countdown«, »Family Guy«, »Kiss Bang Love«, »Switch reloaded« oder »Schulz in the Box« laufen – oder eben eine »Free-TV-Premiere«. »The Biggest Loser« ist auf diesem Kanal fraglos jeder halbwegs sprachbewusste Zuschauer, der sich gelegentlich fragt, ob bei den Programmmachern aus München noch alle Synapsen geordnet zusammenlaufen. Und wenn sich die Pro7-Macher ausnahmsweise mal zu einem deutschen Sendungstitel hinreißen lassen, kommen Bezeichnungen wie »Das Duell um die Geld« oder »Das Model und der Freak« heraus. Da passt es nur zu gut, dass der Sender einmal im Jahr einen »Tolerance Day« zelebriert: Tolerant sollte man nämlich auf jeden Fall sein, wenn man sich mit dem sprachlichen Angebot dieser Fernsehanstalt auseinandersetzt, das sich fast zwangsläufig im Programm selbst fortsetzt. Schauderliche Anglizismen wie »Must-Haves«, »To Do's«, »No-Go's« und anderer Verbalquatsch gehören jedenfalls zum sprachlichen Standardrepertoire der Moderatoren, und dass der ausgelobte Gewinn beim täglichen Telefonpreisrätsel in aller Regel »For free« ist, verwundert angesichts dessen, dass sich die Kandidaten von »The Voice« in »Blind Auditions« ihren »Coaches« stellen müssen, auch nicht mehr. Warum diese Entwicklung derart eskaliert ist, darüber kann man nur Mutmaßungen anstellen. Vermutlich glaubt man nicht nur in Unterföhring, die viel zitierte »werberelevante Zielgruppe« der Zuschauer zwischen vierzehn und neunundvierzig Jahren zu verlieren, würde man den offenkundig so promiskuitiven wie habgierigen Teilnehmerinnen von »Catch the Millionaire« zurufen »Schnapp dir den reichen Pinkel«.

Ich dagegen glaube felsenfest daran, dass wir Zuschauer gar nicht so dumm sind, wie wir von den Superhirnen in den Kreativabteilungen der TV-Anstalten gehalten werden. Wer andere Menschen tatsächlich bei der Zurschaustellung intimer Einzelheiten betrachten möchte, dürfte dieser Vorliebe auch dann nachgehen, wenn er statt des »Bachelor« eine Sendung namens »Der Junggeselle« einschalten müsste.

Es lässt sich natürlich nicht beweisen, aber offensichtlich hat der schlechte Einfluss von Pro7 die Mitbewerber ebenfalls dazu animiert, sich dämliche Benennungen auszudenken, wenn auch nicht annähernd in dieser Dichte. Auf RTL heißt ein TV-Klassentreffen »Back to School« und eine Hitparade mit wechselnden Parametern »Best of – die Rankingshow«. Um die Wette tanzen können mehr oder weniger prominente Zeitgenossen bei »Let's Dance«, und um mediale Aufmerksamkeit heischende Vorstände lernen in »Undercover Boss« ihr Unternehmen von einer anderen Seite kennen.

Schwestersender RTLII sucht derweil beleibte Schönheiten in »Curvy Supermodel«, testet Kraftfahrzeuge in »Grip Extrem« oder nennt einen simplen Köche-Wettstreit »Das große Kochprofis-Battle«. SAT.1 verweigert seit jeher beharrlich, für alle ausgestrahlten amerikanischen Formate wie »Criminal Minds«, »Hawaii Five-O« oder »Castle« passende Übersetzungen zu finden und hat spätestens mit »The Taste« bewiesen, dass man über Geschmack doch streiten kann. Wenigstens wirbt man hier nach einem zwischenzeitlichen sprachlichen Totalausfall namens »Powered by Emotions« – zu Deutsch: »angeschaltet vom Gefühl« – sowie einem beinahe noch stumpfsinnigeren »Colour your Life« – also »Färbe dein Leben« – mit dem vollständigen deutschen Imperativsatz »Freut euch drauf!«, und gegen RTLs aktuelle Begrüßungsformel »Willkommen zuhause« ist rein sprachlich im Grunde auch nichts einzuwenden; das aber ist im Gesamtzusammenhang auch nur ein schwacher Trost.

Die viel gescholtenen öffentlich-rechtlichen Sender stellen zugegebenermaßen noch die rühmliche Ausnahme zum irrwitzigen Sprachwust der Privaten dar: In der ARD existiert zwar ausgerechnet eine Kindersendung unter dem Titel »Check Eins«, wie auch ansonsten der unsägliche Modebegriff »Check« im Ersten bei »Haushalts-«, »Gesundheits-«, »Werbe-« oder »Geld-Check« zur Geltung kommt. Ansonsten aber hält man sich dort in dieser Hinsicht weitgehend schadlos, und beim ZDF drücken wir außer beim Reportageformat »ZDF Zoom« sowie der Dokumentationsreihe »ZDF-History«, die ohne weiteren Ansehensverlust selbstverständlich auch »ZDF Geschichte« heißen könnte, die Augen zu – verbunden mit der Hoffnung, dass dies auch in Zukunft so bleibt. Bei Pro7 jedoch ist sprachlich gesehen vermutlich das Kind in den Brunnen gefallen. Oder, wie es der Sender selbst wahrscheinlich formulieren würde: »The Child has fallen into the Fountain« – das klingt dann schon fast wie eine coole, neue Sitcom, natürlich just to entertain you!

Weil viele Zeitungen am falschen Ende sparten

Meine erste Begegnung mit Herrn Hartel war eine Katastrophe, um es beschönigend auszudrücken. Herr Hartel war Anfang sechzig, trug an einem Stoffband um den Hals eine Brille, die er nie aufsetzte, und war für das Korrektorat, also den Feinschliff der Texte, bei der Lokalzeitung zuständig. Es war jene Zeitung, bei der ich mein erstes Praktikum absolvierte, nachdem ich mich entschieden hatte, dass die bisherigen sechs Semester meines Jurastudiums keine Fortsetzung erfahren sollten und ich mich stattdessen als Reporter versuchen wollte. Wahrscheinlich ging ich die Sache etwas zu blauäugig an; ich bildete mir ein, gleich an meinem ersten Tag als unbezahlte Hilfskraft einen großen Investigativbericht ausarbeiten oder wenigstens ein aussagekräftiges Gespräch mit dem Oberbürgermeister oder sonst einer wichtigen Person führen zu dürfen. Stattdessen bekam ich den Auftrag, die Veranstaltungshinweise für den kommenden Tag zu verfassen. Es war nicht viel los in unserer Stadt: ein Konzert in einem Jugendklub, ein paar kleinere Ausstellungen und der »Gute Mensch von Sezuan«. Ich kannte den Stoff dem Namen nach, war mir aber nicht mehr sicher, ob ich ihn jemals in der Schule gelesen hatte. Jedenfalls wurde das Ganze am Schauspielhaus gespielt, um 19.30 Uhr war Beginn, ich vergewisserte mich sogar mittels eines Anrufes in der Theaterverwaltung, ob es noch Karten gab, was in allen Kategorien der Fall war – sie kosteten von achtzehn bis sechsunddreißig Mark. Also schrieb ich auftragsgemäß die Mitteilung in das Redaktionssystem, vier Zeilen, dazu die Überschrift: »Heute Abend: Stück von Berthold Brecht«.

Herr Hartel tobte. Ich konnte ihn schreien hören, obwohl sich sein Büro am anderen Ende des Flures befand, und der Grund für sein Geschrei war ich. Er beschwor den Untergang der abendländischen Kultur, bezichtigte die Jugend von heute der kompletten Ahnungslosigkeit und rief, auf dem Dorotheenstädtischen Friedhof in Berlin würde es dort, wo Brecht zusammen mit seiner Frau Helene Weigel begraben liege, vermutlich gerade heftige Erdstöße geben. Ich war mir keiner Schuld bewusst: Die Uhrzeit stimmte, das Wort »Sezuan« hatte ich sicherheitshalber im Duden nachgeschlagen und die Adresse des Stadttheaters war ebenfalls korrekt. Als Herr Hartel dann schnaubend vor mir stand, mit einem Ausdruck der Zeitungsseite in der zitternden rechten Hand, erkannte ich, dass er um den Namen Brechts einen dicken, roten Kreis gemalt hatte. Er hieß gar nicht »Berthold«, sondern »Bertolt« – was für den gewissenhaften Korrektor einen gröberen Verstoß darstellte, als hätte ich geschrieben, das Drama stamme von Günter Grass. Ich dagegen maß dem gleich klingenden, aber fehlerhaft zusammengesetzten Vornamen zunächst keine gestiegene Bedeutung bei. Das brachte mir einen halbstündigen Vortrag darüber ein, dass unsere Käufer für eine Mark achtzig pro Tag verdammt noch mal erwarten konnten, dass das, was in ihrer Zeitung stand, auch stimmte: inhaltlich, aber auch orthografisch. Als Herr Hartel zurück in sein Büro stapfte, immer noch wütend ob meiner Unwissenheit und Ignoranz, war ich gefühlt ungefähr halb so groß als zuvor.

Fortan schwor ich mir, so einen Anschiss nie wieder über mich ergehen zu lassen. Also kaufte ich mir ein eigenes Wörterbuch, las ich meine

Artikel doppelt und dreifach durch und überprüfte jeden Namen durch einen Blick ins Lexikon oder die Gelben Seiten; das Internet war, Ende der Neunzigerjahre, in dieser Hinsicht noch keine große Hilfe, wenn denn überhaupt die Verbindung funktionierte. Natürlich passierten mir auch danach immer wieder kleinere und größere Unzulänglichkeiten: Rechtschreibfehler, Buchstabendreher, fehlende Kommata und so weiter. In der Hektik des betrieblichen Alltags blieb das zwangsläufig nicht aus, und selbst Herr Hartel war nicht unfehlbar, wie ich eines Tages mit einiger Genugtuung feststellen durfte, als ihm die Meldung der Sportredaktion in die Druckausgabe durchrutschte, der FC Bayern München sei am Wochenende zum 14. Mal Deutscher Fußballmeister geworden, tatsächlich es sich aber bereits um das 15. Mal handelte. Ansonsten aber war der Mann nicht nur ein wandelndes Lexikon mit unglaublicher Allgemeinbildung, sondern auch ein so gründlicher Deutschkenner, wie ich noch nie zuvor einen erlebt hatte, und wenn er mal für zwei Wochen in den Urlaub fuhr, häuften sich die Beschwerden der Leser.

Heute kann man sich erst recht nicht mehr auf das verlassen, was in unseren Zeitungen steht; in jeglicher Hinsicht. Es gibt verblüffenderweise keine belastbaren Untersuchungen für den deutschen Raum, aber Ergebnisse von entsprechenden Studien aus der deutschsprachigen Schweiz aus dem Jahr 2005 belegten schon damals, dass rund 60 Prozent der herangezogenen Artikel wie auch immer geartete Fehler enthielten; in den USA kamen ganz ähnliche Zahlen heraus. Als häufigste Makel wurden Überschriften, die das tatsächliche Geschehen nicht widerspiegelten, entstellte Zitate, falsch wiedergegebene Zahlen und Daten sowie Rechtschreibmängel angegeben. Man kann getrost davon ausgehen, dass sich die Lage seitdem nicht gerade verbessert hat. Natürlich ist die Schnelllebigkeit des Internet in diesem Zusammenhang ein großes Problem. Im Minutentakt werden von den großen Medien Nachrichten in die weite virtuelle Welt hinausgeblasen, rund achthundert am Tag produziert allein der Basisdienst der Deutschen

Presseagentur. Und im Wettlauf darum, wer die jeweilige Botschaft als Erster verkünden darf, bleibt vermutlich keine Zeit mehr, so akribisch über die Texte zu lesen wie Herr Hartel das seinerzeit bei uns allen tat. Selbstverständlich zahlen wir für viele dieser Informationen, die wir auf den derzeit sechshundertzweiundneunzig Seiten der nationalen Medienhäuser lesen dürfen – die vielen App-Angebote sogar noch ausgenommen – kein Geld. Ob wir es trotzdem klaglos ertragen müssen, wenn in Online-Artikeln bei einem Unfall das »Auto unverletzt« blieb, aus der SPD bisweilen die »SDP« wurde sowie aus Angela Merkel eine »Angelika«, der Mittelstürmer im gestrigen Spiel eine »tote Karte« erhielt, bei einem Brand »mehrere hunderttausend Euro entstanden« sind, ein Politiker zum »Spritzenkandidaten« ausgerufen wurde oder sich die »Reiswarnung für die Türkei« verschärfte, sei dahingestellt. Bis zu zehn, manchmal sogar noch deutlich mehr orthografische Fehler pro Geschichte gar bei selbst ernannten Qualitätsmedien kann man zählen, lässt man ein beliebiges Rechtschreibprogramm über deren Seiten laufen, und gelegentlich drängt sich der Verdacht auf, dass sich die verhängnisvolle SMS-Kultur mit ihrer oberflächlichen Herangehensweise an Rechtschreibung, Inhalt und Satzbau längst in die breite Berichterstattung eingeschlichen hat.

In den gedruckten Ausgaben der Zeitungen und Magazine sind Fehler mutmaßlich nicht häufiger zu finden, gleichwohl fallen sie hier schlichtweg länger auf. Dabei geht es nicht nur um den viel beschworenen und oft belächelten »Fehlerteufel«, dem sich etwa die »Kieler Nachrichten« in ihrer Jubiläumsausgabe zum hundertfünfzigjährigen Bestehen des Hauses augenzwinkernd in einer Rückschau widmeten und der unter anderem dazu führte, dass sich einst »Volker Rühe und Jürgen Koppelin zum Zwei-Augen-Gespräch« trafen, die Bilanz der Kieler Woche mit »einem Ertrunkenen, 46 Körperverletzungen, sieben Straßenrauben und zwei Dutzend Taschendiebstählen für ein fröhliches und friedliches Fest« sprach oder im November »Pinguine und Robben aus ihren Eiern schlüpften«.

Vielmehr scheint die kollektive Unkenntnis über unsere Rechtschreib- und Grammatikregeln längst auch in den Redaktionsstuben angekommen zu sein. Und so ist auch dort die Enttäuschung oft »vorprogrammiert«, lassen sich Dinge »auseinanderdividieren«, existiert kein Unterschied mehr zwischen »das« und »dass« oder »seid« und »seit«, erhält der »Standard« ebenso ein hartes »t« am Wortende wie der »Tod«, wird aus der »Reparatur« eine »Reperatur« und aus »brillant« ein »brilliant«, um nur einige der häufigsten Fehlleistungen zu benennen.

Viele Verlage sparen inzwischen aufgrund der sinkenden Auflagen und des gestiegenen Kostendrucks ihr Korrektorat ein; in geschätzt mindestens 50 Prozent aller deutschen Tageszeitungen gibt es derlei Stellen bereits nicht mehr. In den kleineren Häusern sind es zumeist nur einzelne Teilzeitarbeitsplätze, allenfalls besetzt mit pensionierten Deutschlehrern oder besonders aufmerksamen Rentnern, die dem Rotstift zum Opfer fallen – weshalb der große Aufschrei oftmals ausbleibt. Nur wenn große Medienunternehmen in dieser Hinsicht zum Kahlschlag ansetzen und wie der Burda-Konzern im Jahr 2015 die gesamte Abteilung mit vierzig Arbeitsplätzen ausgliedern, regt sich kurzzeitig Widerstand. Dabei war der Beruf des Lektors und Korrektors dereinst fast wichtiger als der des Schreiberlings selbst: Der große Erasmus von Rotterdam betätigte sich im 16. Jahrhundert so gerne wie genau als Bearbeiter der Schriften anderer Gelehrter; andere bedeutende Schriftsteller wie Johann Gottfried Seume, Hermann Kasack oder Peter Rühmkorf taten es ihm später nach. Es war keinesfalls ehrenrührig, die Texte von Dritten zu redigieren, im Gegenteil. Dadurch erhielten diese erst den letzten Schliff – so, wie dieses Buch im Übrigen auch, in dem mir beim Schreiben mit Sicherheit auch einige vermutlich haarsträubende Fehler unterlaufen sind, von denen ich hoffe, dass sie weitgehend entdeckt wurden.

Herr Hartel hatte nach meinem Einstieg in dieses Tätigkeitsfeld nicht mehr lange bis zur Rente, in die er sich dann durchaus erleichtert verabschiedete. Seine Augen waren nicht mehr die besten, und die ständige Suche nach falsch geschriebenen oder falsch verwendeten Wörtern, nach fehlenden oder unnötigen Kommata sowie nach verkehrten Adressen, Begriffen und Namen rieb ihn zusehends auf. Ich bemühte mich, nach seinem Abschied weiterhin so gewissenhaft wie möglich zu arbeiten, »Bertolt Brecht« schrieb ich auf alle Fälle seitdem immer richtig, das war ich Herrn Hartel schuldig. Dessen frei gewordene Stelle wurde natürlich auch bei meinem Arbeitgeber nicht nachbesetzt, um ein paar Tausend Mark Personalkosten im Monat weniger ausgeben zu müssen. Dass dies womöglich am falschen Ende gespart war, kann ich nur vermuten: Die gesamte Zeitung, für die wir damals arbeiteten, gibt es heute nicht mehr, seit etlichen Jahren schon. Ob dies vorwiegend an den zahlreichen Fehlern lag, die sich dort nach und nach einschlichen und bestimmt viele Menschen verärgerten, die für das Produkt nicht wenig Geld bezahlten, lässt sich natürlich nicht beweisen – Herr Hartel würde dies bestimmt bejahen. Als er neulich starb, mit über achtzig Jahren, und ich seine Todesanzeige durchlas, die in einem anderen Blatt erschien, bemerkte ich, dass ausgerechnet auch sie einen Fehler enthielt: Sein Vorname Karlheinz bekam von der Setzerin einen Bindestrich verpasst, der da nicht hingehörte, worauf er immer sehr viel Wert legte. Möglicherweise ist es also wieder einmal ein bisschen unruhiger zugegangen auf einem Friedhof.

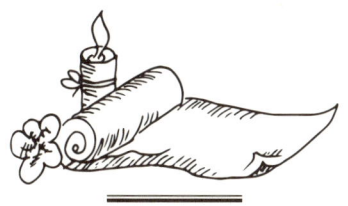

Weil Wellness die gute, alte Kur ersetzte

Zum ersten Mal in Berührung mit dem Thema kam ich, als meine Großmutter wegen ihres chronischen Rheumaleidens von ihrer Krankenkasse einen sechswöchigen Kuraufenthalt in Bad Hofgastein bewilligt bekam. Meine Eltern und ich fuhren sie dorthin und holten sie eineinhalb Monate später wieder ab. Dazwischen bekam Oma jede Menge Schlammpackungen, Moor- und Wannenbäder und wechselwarme Wadenwickel, und in den sagenumwobenen Heilstollen mitten in einem Berg durfte sie auch einfahren und sich dort einer nach heutigen Maßstäben nicht ungefährlichen Dosis Radonstrahlung aussetzen. Ob all diese Maßnahmen ihr wirklich halfen, vermag ich nicht mehr zu beurteilen. Aber weil damals die Ärzte freigiebiger waren und das Geld im Gesundheitssystem allerorten sehr viel lockerer saß, absolvierte sie fortan jedes Jahr einen derartigen Langzeitaufenthalt auf Kosten der Allgemeinheit. Nur ein Mal pro Woche leistete sie sich im öffentlichen Thermalbad eine klassische Ganzkörpermassage auf eigene Rechnung – bei Herrn Korbinian, der meiner Großmutter zufolge magische

Hände haben musste, weil sie danach ihren Kopf wieder schmerzfrei von links nach rechts drehen konnte. Sie wohnte im Sporthotel »Planitscha«, wobei das nach der Eigentümerfamilie benannte »Hotel« gerade mal über sechzehn Zimmer verfügte und sich die Bezeichnung »Sport« auf das vollkommen tageslichtlose und ungefähr drei Mal drei Meter kleine Schwimmbecken im Kellergeschoss bezog. Großmutter gefiel das alles trotzdem gut, auch dass man sich die Etagendusche mit den Bewohnern der vier anderen Räume auf demselben Gang teilen musste, machte ihr nichts. Nach heutigen Vermarktungsmaßstäben jedoch wirkte das Ganze in etwa so attraktiv wie Ferien auf einer nordsibirischen Kolchose.

Angesichts dieser Eindrücke verortete ich auch den Begriff »Kur« und seine Ableitungen immer in mein gedankliches Gruselkabinett: »Kuranwendungen« waren für mich scheußliche Foltermethoden, die mit Erholung im landläufigen Sinne rein gar nichts zu tun hatten – wer wollte sich schon freiwillig mit Morast bedecken lassen oder um fünf Uhr Morgens seine Füße in kalte und warme Badewannen eintauchen. In »Kurorten« schoben sich alte Menschen mit ihren Gehwagen im Schneckentempo von der Wandelhalle bis zum öffentlichen Park, in dem sie dann Großschach spielten. Und ein »Kurbad« war eine muffige, dunkle und überhitzte Badeeinrichtung, in der man aufgrund der hohen Wassertemperatur gar nicht richtig schwimmen konnte und als jüngerer Gast ohnehin kaum willkommen war. Dass sich das Wort »Kur« vom lateinischen »Cura« ableitete, was in etwa so viel heißt wie »Fürsorge«, »Pflege« oder »Behandlung«, wie ich später im Gymnasium erfuhr, war angesichts meiner persönlichen Erfahrungen nur folgerichtig.

Vor der berüchtigten großen Gesundheitsreform von 1989 war es sowieso nicht notwendig gewesen, sich über die Bezeichnung »Kur« weiterführende Gedanken zu machen. Die Badeorte in Deutschland und Österreich quollen über vor vermeintlichen Patienten, die sich ihre sündteuren Urlaube ganz offiziell verschreiben lassen konnten. Nach

Norbert Blüms strengen Sparvorgaben indes war es mit der unbeschränkten Freigiebigkeit vorbei. Die ehedem blühenden Gemeinden mit all ihren Heimen, Kliniken und Privatunterkünften verzeichneten Jahr für Jahr massive Gästerückgänge, unzählige Hotels und Pensionen mussten schließen, und auch meine Oma blieb nun im Sommer eben zu Hause, weil sie sich einen Aufenthalt im »Sporthotel Planitscha« selbst nicht mehr leisten konnte oder wollte. Die Kur war mausetot, und genau das dachten sich einige unbekannte Werbestrategen offensichtlich eines Tages auch. Sie erfanden – die »Wellness«.

Als mir der Begriff das erste Mal begegnete, in der Broschüre über ein neu errichtetes Hotel im niederbayerischen Nirgendwo, das damit warb, über ein Hallen- und ein Freibad sowie zwei verschiedene Saunakabinen zu verfügen und in dem meine Eltern ein paar Tage Urlaub machen wollten, fand ich ihn sympathisch. »Wellness«, das hörte sich irgendwie nach Sport und Erholung gleichermaßen an, nach Gesundheit und Behagen, nach Zufriedenheit und Frische. Es war eine kluge Wortschöpfung, wie ich fand, doch ich irrte mich. »Wellness« war nämlich gar kein erfundenes Kofferwort aus »Well-Being« und »Fitness«, wie es der amerikanische Sportmediziner und selbst ernannte Wellness-Papst Kenneth Cooper einst behauptete. Bei »Wellness« handelt es sich schlichtweg um eine Abwandlung des alten und nahezu in Vergessenheit geratenen englischen »Wealnesse«, zu Deutsch »Wohlbefinden«, das immerhin schon 1654 in einem Tagebuch das erste Mal auftauchte. Was sich seit den Sechzigerjahren des 20. Jahrhunderts jedoch – auch durch Dr. Coopers öffentlichkeitswirksames Zutun – in den USA zunächst als gesundheitsbewusster Lebensstil etablierte, wurde im deutschsprachigen Raum Anfang der Neunziger zu einem omnipräsenten Werbe-Nomen, das zunächst allein dazu diente, altbackene Methoden zeitgemäßer wirken zu lassen.

So zeitgleich wie überflüssig schwappte außerdem das im angloamerikanischen Sprachraum schon lange für Heilbäder verwendete Wort »Spa« zu uns, das sich von dem gleichnamigen wallonischen Städtchen ein paar Kilometer südöstlich von Lüttich ableitete. In den dortigen heißen Mineralquellen badeten vermutlich bereits die Römer vor tausendvierhundert Jahren, ganz sicher aber wohlhabende Briten seit dem 17. Jahrhundert – was die spätere Aufnahme in den englischen Wortschatz erklärt, wo ironischerweise das »Spa« die »Wellness« ersetzte. Jene alternative und von Tourismusmanagern gern angeführte Deutung, »Spa« sei eine lateinische Abkürzung für »Sanus per Aquam«, also »Gesundheit durch Wasser« ist dagegen großer Humbug, denn im Latein kannte man wenn überhaupt nur schriftliche und sicherlich keine ausgesprochenen Abkürzungen. Jedenfalls meinten beide Worte dasselbe.

Das Grundproblem lag darin, dass hierzulande weder die Bezeichnung »Wellness«, noch der Begriff »Spa« durch einen anerkannten Verband oder ähnliche Institutionen geschützt wurden. Und so trug binnen weniger Jahre beinahe jeder alte und abgetakelte Schuppen ebenso das neue Modewort im Titel wie sämtliche soeben eröffneten Riesenbunker – ganz unabhängig davon, ob dort überhaupt ein Schwimmbad oder eine Sauna vorhanden waren und der frühere Hausdiener, der nun als Masseur eingesetzt wurde, wenigstens eine mehrwöchige, physiotherapeutische Fortbildung erhalten hatte. Fast jede Frühstückspension, die mehr als dreißig Zimmer und einen Gymnastikraum besaß, nannte sich nun »Wellness-Hotel«, »Wellness-Resort«, »Hotel and Spa« oder am besten gleich ganz konsequent tautologisch »Wellness- and Spa-Resort«, und es dauerte nicht lange, bis sich weitere von PR-Agenturen entwickelte, unaussprechliche Begrifflichkeiten dazugesellten. Irgendwo im Herrgottswinkel gelegene Häuser, die bisher ob ihrer bloßen Abgeschiedenheit von Gästen eher gemieden wurden, waren nun beispielsweise »Hideaways« oder »Refugien«, also versteckte Rückzugsorte – nur dass sich das jetzt sehr angesagt anhörte! Wichtig war auch, dass ein solches Hotel einen originellen Namen erhielt. So konnte aus einer Pension Himpflgruber schon mal »Das Himpflgruber« werden und aus der Almrose »The Rose«. Drinnen wurde überall dort, wo wenigstens eine winzige finnische Heißluftkabine herumstand, eine »Wellness-Oase« ausgerufen. Der Ruheraum wandelte sich zur »Relaxation Area« oder – auch schön – dem »Relaxarium« und der einstige Keller mit seinen zwei lebensgefährlich alten Rudergeräten, der Sprossenwand und dem alten, braunen Medizinball zur »Fitnesslounge«. Ein einst vom Seniorchef im Garten ausgehobener Badeteich, in dem regelmäßig nach zwei Sommertagen keine Wasseroberfläche mehr sichtbar war, firmierte jetzt gemeinhin unter der Bezeichnung »Nature Pool«; das aus Platzgründen zwar sieben Meter lange, aber nur hundertachtzig Zentimeter breite Kachelbecken im Inneren unter »Lap Pool«, und wenn sich die Grundstücksgrenze hinter dem Außenbecken etwas senkte, konnte man immer noch einen »Infinity Pool« aus dem Ding machen, auch wenn die Unendlichkeit drei Meter weiter am Jägerzaun schon wieder aufhörte. Noch wichtiger aber war, sämtliche Behandlungen nur noch unter dem Begriff »Treatments« zusammenzufassen, was zwar exakt dasselbe bedeutete, nur eben auf Englisch.

Vermutlich um zu verschleiern, dass sechzig Euro für eine zwanzigminütige Kneterei mit erwärmten Kieseln als »Hot Stone«- oder – noch dämlicher: »La Stone«-Therapie – einen Wucher darstellten, um das Auftragen von Faltencreme als »Anti-Age Cleansing« etwas freundlicher klingen zu lassen und ein eher grobes Einrenken des Rückens als »Pure Body Balance« besser verkaufen zu können, waren die englischen Begriffe geradezu ideal. Fairerweise muss man aber festhalten, dass das Gastgewerbe hier im Laufe der Zeit deutlich einfallsreicher wurde und sich nicht mehr nur bei fremden Sprachen bediente, sondern dabei sogar Begriffe aus dem Polynesischen wie »Lomi Lomi« – zu Deutsch übrigens: »Drücken, Drücken« – importierte: Die kreativen Hoteliers und ihre findigen Agenturen erfanden für eine schnöde Teilkörpermassage Namen wie »Urstein«, »Kraftritual«, »Rosengarten«, »Bergstimmung« oder »Sinnesreise«.

Je nach Jahreszeit bot zum Beispiel ein kleines, familiengeführtes Hotel in Tirol seinen leichtgläubigen Gästen ein und dieselbe halbstündige

Behandlung als »Frühlingsfrische«, »Sommerabend«, »Herbststimmung« oder »Winterruhe« an. Das musste einem erst mal einfallen, vor allem aber fiel kaum einem mehr auf, wie lächerlich das alles klang. Mein persönliches Lieblings-Treatment war und bleibt die ayurvedische »Upanahasveda-Massage«, basierend auf dem »Marma-Nadi-System« und kombiniert mit der »Svedana«-Therapie – auch wenn ich nach wie vor keine Ahnung habe, was diese anscheinend aus dem Indonesischen entlehnten Begriffe in Wirklichkeit bedeuten, die mir einst im Rahmen eines »Escape-Weekend for Two« in einem beschaulichen Gasthof mit Fremdenzimmern irgendwo im bayerischen Voralpenland um die Ohren flogen.

Je moderner die Wellness- und Spa-Hotels wurden, desto beliebter wurden überdies paradoxerweise Anlehnungen ans Altertum: Kaum ein Dampfbad, das plötzlich nicht wie weiland in der Römerzeit »Caldarium«, »Danarium«, »Lakonium« oder »Tepidarium« hieß oder alternativ zum ursprünglich im alten Ägypten entwickelten »Rasul« aufgewertet wurde. Ganz besonders originelle Anbieter hängten an die Tür zum Garten ein Schild mit der Aufschrift »Frigidarium«, damit sich die Badegäste stilecht im Freien abkühlen konnten. Legte sich eine gestresste Großstadtbewohnerin für ein paar Minuten in eine Wanne voller verdünnter, lauwarmer Milch, nahm sie ein »Cleopatrabad« – und alles, wirklich alles, was auch nur im Entferntesten mit Salzwasser zu tun hatte, schmückte sich mit dem Zusatz »Thalasso«, was sich vom altgriechischen »thalassa« ableitete und – oh Wunder – einfach »Meer« bedeutet.

Inzwischen hat sich der Begriff »Wellness« auch auf andere Lebensbereiche ausgeweitet: Neben dergestalt betitelten Unterkünften gibt es Wellness-Drinks und Wellness-Food, Wellness-Kleidung, Wellness-Möbel und Wellness-Musik. Vom Körnermüsli über den Schreibtischstuhl bis zu den Wollsocken enthalten unzählige langweilige Alltagsprodukte diesen Zusatz, mit dem man offensichtlich ein ganz großartiges Geschäft machen kann: Einer Studie des amerikanischen Marktforschungsunter-

nehmens Global Insight zufolge beträgt der jährliche Umsatz der sogenannten Wellness-Branche alleine in Deutschland über dreiundsiebzig
Milliarden Euro pro Jahr! Dagegen kann die gute, alte Kur natürlich
nicht anstinken.

Und so hat sich natürlich auch Bad Hofgastein der neuen Zeit ange-
passt. Als ich nach langer Pause wieder dorthin fuhr, stellte ich fest, dass
der anhaltende Wellness-Boom auch diesen schönen Ort fest im Griff
hat. Die seit den Aufenthalten meiner Großmutter mehrfach erwei-
terte Therme ist längst unterteilt in eine »Family World«, eine »Relax
World« und eine »Sauna World«, und dort, wo sich meine Oma früher
immer von Herrn Korbinian ihre Nackenschmerzen wegarbeiten ließ,
ist inzwischen eine »Beauty Residenz« untergebracht, wo man sich unter anderem zwischen einer »Hot Chocolate«- und einer »Pantai Luar«-
Massage, der »Kryo-Tonic-Beinpflege« und dem »Evening Primerose
Soft Pack« entscheiden kann. Nur das »Sporthotel Planitscha« gibt es
nicht mehr; wahrscheinlich war es dann doch zu aufwändig, aus dem
maroden Kasten mit seinen Etagenduschen und dem Mini-Schwimm-
bad ein Wellness- and Spa-Resort zu machen. Das Gebäude wurde ab-
gerissen. Heute steht dort ein Neubau für jene Urlauber, die sich keines
der großen Hotels leisten können oder wollen. Früher hätte man gesagt, es handele sich dabei um eine kleine Frühstückspension. Aber das
ist natürlich Blödsinn – das alte Planitscha ist jetzt nämlich ein B&B.

Weil es selbst in Bayern keine Feuerwehrmänner mehr gab

Daniela Weirauch war ohne Zweifel eine dumme Kuh. Sie saß in der Grundschule eine Reihe vor mir und ärgerte mich, wann immer sie die Gelegenheit dazu hatte. Sie war größer als alle Jungen in unserer Klasse und breit wie eine Kommode, und heute würde man bei ihr vermutlich ein Aufmerksamkeitsdefizitsyndrom diagnostizieren, obwohl sie außerordentlich gut rechnen konnte. Davon abgesehen war Daniela einfach nur ein renitenter Störenfried, der praktisch allen anderen ebenfalls gehörig auf den Keks ging, wenn sie mit dem Füller herumspritzte, unsere Hefte zerknüllte oder unsere Federmäppchen versteckte. Nur in einem Punkt waren sie und ich uns erstaunlicherweise einig: Wir wollten beide unbedingt Feuerwehrmann werden! Genau so sagte man das damals, und obwohl die Einstellungsaussichten für Frauen bei der Feuerwehr in den Achtzigerjahren vermutlich noch schlechter waren als heute, schrieb Daniela dieses Wort in der vierten Klasse stolz an die Tafel, als Frau Baumgart uns nach unseren Berufswünschen fragte, die wir nun – kurz vor dem Übertritt in eine weiterführende Schule – vor unseren Mitschülern kundtun sollten: Daniela schrieb »Feuerwehr-mann«. Nicht Feuerwehrfrau, Feuerwehrler oder Feuerwehrangestellte oder so ähnlich. Einfach »Feuerwehrmann«, und niemand wunderte sich darüber, dass ein Mädchen das werden wollte.

Diese belanglose Anekdote kam mir in den Sinn, als ich die Mel-dung in einer Zeitung bemerkte, der Bayerische Rundfunk habe sei-ne Angestellten in einer Broschüre zur Verwendung einer geschlech-terkorrekten Sprache aufgefordert – unter anderem stehe der Begriff »Feuerwehrmann« künftig auf dem Index! Ich musste die Geschichte zwei Mal durchlesen, um zu erfassen, was der BR sich da tatsächlich ausgedacht hatte: Wenn also bisher beispielsweise in den Radio- oder Fernsehnachrichten die Rede davon war, hundert Feuerwehrmänner seien bei den Löscharbeiten nach dem Großbrand einer Lagerhalle im Einsatz gewesen, sollte es künftig heißen, hundert »Einsatzkräfte der Feuerwehr« hätten den Brand bekämpft. Und zwar auch dann, wenn bei den hundert Einsatzkräften keine einzige Frau beteiligt gewesen war, was nicht unwahrscheinlich erschien – die Frauenquote bei der Berufsfeuerwehr in Deutschland liegt nach Angaben des Netzwerks Feuerwehrfrauen e.V. (sic!) bei gerade 1,34 Prozent.

Doch die Hinweise an die BR-Angestellten gingen noch weiter: Die Wortwahl solle, wie es in dem Leitfaden hieß, »nicht nur klar und prä-gnant, sondern auch fair sein, damit Frauen und Männer gleicherma-ßen angesprochen werden«. Und deshalb müssten aus »Fachmännern« eben »Fachleute« oder wenigstens »Fachkräfte« werden, aus »Mitarbei-tern« »Mitarbeitende«, aus »Abteilungsleitern« »Abteilungsleitende«, aus »Vertrauensmännern« »Vertrauenspersonen« und aus »Radio- und Fernsehmachern« »Radio- und Fernsehmachende«, während wir »Zu-schauer« künftig zum »Publikum« erklärt wurden. Manche der Rat-schläge nahmen geradezu absurde Züge an: Die »Teilnehmergebühr« müsse demnach eine »Teilnahmegebühr« sein, und Floskeln wie »Jeder fragt sich« oder »Keiner weiß genau« hießen nun »Alle fragen sich« und »Niemand weiß genau«. Ich dagegen fragte mich und wusste nicht genau, welches verzerrte Frauenbild der Verfasser des Heftchens, ein Herr namens Jürgen Wieland, wohl besaß, wenn er ernsthaft annahm, eine Dame würde sich vom Pronomen »Jeder« herabgesetzt fühlen. Aber Herr Wieland war mit seinem Stumpfsinn leider nicht alleine.

Es stellte sich heraus, dass auch andere Institutionen bereits ähnliche Weisungen an ihre Belegschaft herausgegeben hatten. Das ZDF veröffentlichte sogar fünf Jahre vor dem BR eine Kladde, in der vermeintliche »Tipps für eine moderne Sprache« übermittelt wurden. Der damalige Intendant Markus Schächter betonte darin, dass eine geschlechterneutrale Sprache beim Mainzer Sender eigentlich bereits seit eineinhalb Jahrzehnten zum Selbstverständnis gehörte. Offenbar sah er aber in dieser Hinsicht Nachholbedarf und ließ sein Ansinnen nochmals schriftlich fixieren: Bei männlichen Nomen forderte er die sogenannte »Paarlösung« ein, also die Verwendung von »Redakteurin und Redakteur« anstatt nur des »Redakteurs«. Sollte einem ein strittiger, weil maskuliner Begriff schriftlich in die Quere kommen, plädierte er für das »Splitting«, das aus jenem »Redakteur« kurzerhand »ein/e Redakteur/in« zauberte.

Außerdem appellierte Schächter an die Kreativität seiner Mitarbeiter/innen: Oft ließe sich ein drohender Sprachkonflikt durch neutrale Formulierungen umgehen. Anstelle der Textstelle »Gesucht wird ein Mitarbeiter« in einer Stellenanzeige schreibe man besser »Die Ausschreibung richtet sich an Mitarbeitende«. Auch das Passiv könne bisweilen Abhilfe bieten, und der an sich erfreuliche Satz »Die Mitarbeiter erhalten den Familienzuschlag monatlich« werde durch die Änderung in »Der Familienzuschlag wird künftig monatlich ausbezahlt« aus gleichbehandlungsgrundsätzlicher Sicht noch erfreulicher. Dass bei Titelbezeichnungen ebenso eine geschlechtliche Ausgewogenheit herrschen müsse, verstand sich angesichts dessen von selbst. Zu vermelden, »Präsident Sarkozy und Angela Merkel trafen sich in Berlin« sei ungerecht, es müssten sich in den Nachrichten schon »Präsident Sarkozy und Bundeskanzlerin Merkel« in Berlin treffen. »Das Fräulein ist passé, die Staatsfrau dafür aktuell«, schrieb der Intendant und schloss mit den Worten »Wenn Sie Zuschauerinnen und Zuschauer erreichen wollen, dann sprechen Sie beide an«. Nur wie man künftig mit den hauseigenen Maskottchen umgehen solle, blieb Schächter schuldig – zu einer geschlechtsneutralen Bezeichnung der Mainzelmännchen gab er seinen Leuten leider keinen Tipp.

Die Stadt Nürnberg ging in Sachen verbaler Gleichstellung noch einen Schritt weiter. Sie legte in ihrer diesbezüglichen Aufstellung aus dem Jahr 2013 sogar fest, dass Redewendungen wie »An den Mann bringen« oder »Ein Mann, ein Wort« im offiziellen Sprachgebrauch möglichst zu vermeiden seien. Nicht die »Anwohner« hätten weiterhin freie Zufahrt zu ihrem Grundstück, sondern »Personen, die in dieser Straße wohnen«. In behördlichen Formularen gab es nun auch keinen »Antragsteller« und keinen »Unterzeichner« mehr, sondern die »Person, die den Antrag stellt« sowie den Passus »Bitte unterzeichnen Sie hier«. Nicht einmal sich selbst nahm die Kommune von den strengen Maßgaben aus – sie wolle fortan bei allen städtischen Festen, Konzerten und Kulturereignissen kein »Veranstalter« mehr sein, sondern eine »Veranstalterin«. Überdies sollten in Publikationen unbedingt Geschlechterklischees vermieden werden, weshalb man auch mal einen »jungen Mann beim Schlemmen in der Konditorei«, »eine Bauingenieurin mit dem Bautrupp« oder einen »jungen Vater in der Kita« porträtieren solle.

Auch zahlreiche Universitäten wie die Hochschulen in Göttingen, Berlin oder Potsdam beschlossen, sich von ihren »Studenten« zu trennen und alleine »Studierende« zu unterrichten, die im Idealfall nicht zu »Absolventen« wurden, sondern einen »Abschluss machten«. Die Piratenpartei diskutierte 2012 allen Ernstes den Antrag, der Einfachheit halber gleich alle Mitglieder mit der weiblichen Form zu betiteln und für Männer und Frauen die Bezeichnung »Piratin« zu verwenden. Dass die Einlassung mit zwei Dritteln der Stimmen abgelehnt wurde, verhalf der Gruppierung zwar zu einigen Schlagzeilen, den Gang in die politische Bedeutungslosigkeit dürfte dieser Schwachsinn gleichwohl ordentlich beschleunigt haben. Den vorläufigen Gipfel der Eselei aber produzierte das Bundesverkehrsministerium, das in der Neufassung der Straßenverkehrsordnung »Fußgänger« oder »Zweiradfahrer« in »zu Fuß Gehende« und »auf dem Zweirad Fahrende« umwidmet, um bloß keine weibliche Verkehrsteilnehmerin vor den Kopf zu stoßen.

Dabei hatte auch dieser längst hanebüchen gewordene Angriff auf unsere Sprache einen an sich durchaus sinnvollen Hintergrund: Angefangen hat alles mit der Feminismusbewegung der Siebzigerjahre. Die war gesellschaftlich gesehen bitter notwendig angesichts dessen, dass Frauen damals auch während der Schwangerschaft vom Arbeitgeber gekündigt werden konnten oder Teilzeitarbeit einen mehr oder weniger rechtsfreien Raum darstellte. Irgendwann aber glaubten die Eifrigsten unter den Aktivistinnen zu bemerken, dass es nicht ausreichte, wenn man auf die fraglos weiterhin vorhandenen Ungerechtigkeiten in Sachen Bildung, Recht oder Entlohnung hinwies. Sie kamen darauf, dass auch die deutsche Sprache einen aus ihrer Sicht nicht länger hinnehmbaren Makel besaß: Die kannte zwar einerseits die Unterscheidung in das grammatikalische und das biologische Geschlecht: *Der* Löffel war ebenso wenig männlich wie *die* Gabel weiblich. Andererseits wurde von den Frauenrechtlerinnen aber noch das sogenannte »generische Maskulinum« als Wurzel des Übels ausgemacht, wonach der männliche Begriff oftmals die Frauen gleich mit abdeckte. »Der Experte«, »der Lehrer«, »der Student« oder »der Beamte« hatten im Sprachgebrauch stets »die Expertin«, »die Lehrerin«, »die Studentin« oder »die Beamtin« einbezogen, und viele Jahrhunderte störte das vermutlich keines der Geschlechter.

Nun aber wurde vonseiten der Feminismusbewegung argumentiert, ein solches Sprachgebaren mache Frauen unsichtbar, dränge sie in die Bedeutungslosigkeit – und sei einer der Hauptgründe dafür, dass sie in Führungspositionen unterrepräsentiert und in gleichen Berufen unterbezahlt waren. Ob dies tatsächlich alles miteinander zusammenhing und ausgerechnet die deutsche Sprache daran schuld war, dass der Anteil an weiblichen Vorstandsmitgliedern in Dax-Konzernen auch im Jahr 2016 nur 6,4 Prozent betrug, daran darf stark gezweifelt werden. Wer seine Gattin gedanklich noch immer mit der Schürze um die Hüften an den heimischen Herd verortet und ihr jegliche von ihr gewünschte Selbstverwirklichung versagt, der dürfte sich von diesem veralteten Frauenbild auch dann nicht abbringen lassen, wenn künftig in den Nachrichten von »Studierenden« und »zu Fuß Gehenden« die Rede war.

Im Übrigen vergessen viele jener ideologisch verblendeten Zwangsgenderisierer, dass unsere Sprache eigentlich von Natur aus sehr gerecht erscheint: Zwar lässt sich das »generische Maskulinum« bei vielen Begriffen wirklich nicht leugnen. Der Plural aber ist dafür fast immer weiblich: Selbst wenn eine durch und durch männliche und testosterondurchtränkte Fußballmannschaft nach hartem Kampf den Sieg davon getragen hat – am Ende haben doch *sie* gewonnen.

Nachdem ich mir all diese Dinge durch den Kopf gehen ließ, beschloss ich, einmal spaßeshalber nachzuforschen, ob es die einst so gemeine Daniela Weirauch aus der Schulbank vor mir tatsächlich zum Feuerwehrmann gebracht hatte; meine eigenen beruflichen Wege waren jedenfalls nicht annähernd so verlaufen, wie in der vierten Klasse geplant. Aber so sehr ich auch suchte, ich wurde nicht fündig – vermutlich lautete ihr Nachname inzwischen anders. Einige Zeit später erzählte mir jedoch ein anderer Klassenkamerad, er wisse, was aus Daniela geworden war. Er hatte sie zufällig auf der Straße getroffen, und sie berichtete ihm, seit einigen Jahren ein eigenes Büro zu besitzen. Sie sei, so sagte sie es mit ihren eigenen, stolzen Worten, jetzt – Steuerberater.

Weil die Kosmetikindustrie nur noch ein Bodyfeeling kannte

Es gibt Aromen, die vergisst man sein ganzes Leben nicht, so sehr haben sie sich in die eigene olfaktorische Wahrnehmung eingebrannt. Der Geruch meines Vaters beispielsweise ist für mich untrennbar mit dem Rasierwasser »Hattric« verbunden, das er bis heute jeden Morgen verwendet. Als Kind wunderte ich mich allenfalls darüber, warum man sich so eine komische Flüssigkeit erst in die Hände kippte, um sie sich danach ins Gesicht zu klatschen, aber nachdem ein gut gelaunter Uwe Seeler das in der Fernsehwerbung ebenfalls so handhabe, hatte das vermutlich schon seine Richtigkeit. Der Widerspruch, dass ein traditionsreiches Produkt des deutschen Herstellers Henkel einen englischen Namen trug, noch dazu einen, der einen dreimaligen, unmittelbar aufeinander folgenden Torerfolg durch ein und denselben Fußballspieler bezeichnete, fiel mir selbstverständlich nicht auf; wahrscheinlich aber hatte auch das mit Herrn Seeler zu tun. Erst als ich dank der Pubertät selbst ins parfümfähige Alter kam und mich von oben bis unten mit »Cool Water« einnebelte, bemerkte ich, dass eigentlich keine Duftessenz ohne fremdsprachigen Titel existierte – abgesehen von »Pitralon« vielleicht und »4711 Echt Kölnisch Wasser«, aber das war ja sowieso nur etwas für ältere Herrschaften und folglich im Gegensatz zu »Cool Water« beides absolut »uncool«.

In der Reklame für eben jenes »Cool Water« und seine zahlreichen Mitbewerber ging es dagegen um unendliche Freiheit und großartige Abenteuer, um ewige Jugend und unwiderstehliche Schönheit. Das, so schien es ab dem vorletzten Jahrzehnt des vergangenen Jahrtausends, funktionierte auf Deutsch ganz und gar nicht. Mit ziemlicher Sicherheit hätte auch ich damals zu einem Konkurrenzprodukt gegriffen, hätte der Hersteller sein Erzeugnis in den charakteristischen blauen Flaschen »Kühles Wasser« genannt. Insofern machte der schweizerische Zigarrenproduzent Davidoff bei der Eroberung eines für ihn vollkommen neuen Geschäftsfeldes seinerzeit alles richtig: Sein »Cool Water« wurde sicherlich auch dank einer geschickten Vermarktungsstrategie umgehend zum Marktführer. Und weil es inzwischen in der Parfüm- und Kosmetikindustrie alleine bei uns um einen Jahresumsatz von unglaublichen 10,4 Milliarden Euro geht, sind in wohl keinem anderen Wirtschaftszweig Oberflächlichkeiten und äußerer Anschein, neudeutsch »Image« genannt, so wichtig wie hier. Ein unüberhörbarer Nachteil daran jedoch war und ist, dass dadurch in den vergangenen dreißig Jahren geradezu entsetzlich lächerliche Sprachpanschereien entstanden.

Zu diesen gehört übrigens ausdrücklich nicht das Wort »Parfüm« selbst, das sich im deutschen Sprachgebrauch bereits im 19. Jahrhundert eingebürgert hatte und vom Lateinischen »per fumum« abgeleitet wurde, was wörtlich »durch Rauch« bedeutete, weil in der Antike Duftstoffe wie Weihrauch noch vorwiegend über Räucherstäbchen verbreitet wurden. Und auch beim schönen Gallizismus »Eau de Toilette« lässt sich sprachlich gesehen getrost ein Auge zudrücken, weil die deutsche Übersetzung »Toilettenwasser« dem ursprünglichen Sinngehalt einer Flüssigkeit, die eben *nach* der Benutzung eines Klosetts zur Überdeckung übler Gerüche auf die Haut aufgetragen wurde, nicht wirklich entsprach. Was aber nachhaltig in den Ohren schmerzte, waren die sinnfreien Fantasiebegriffe, die sich die Werbetreibenden ausdachten, um ihre Handelsgüter besser an Mann und Frau zu bringen. Bei diesen ging es offenbar nur um den schieren Klang, denn ob nun im Einzelfall in der Kopfnote etwas mehr Minze und etwas weniger Rosmarin enthalten war oder in der Basisnote nun Sandelholz oder Moschus dominierten, war dem Verbraucher weitgehend egal. Man kaufte weniger das Produkt als solches, sondern vor allem dessen Ruf.

Weil dieser bei meinem »Cool Water« stimmte und das Fabrikat so außerordentlich erfolgreich war, erhielt es schnell vermeintlich wohlklingende Ableger wie tiefes, kühles Wasser (»Cool Water Deep«), kühles Wasserspiel (»Cool Water Game«), kühles Wasser Nachtsprung (»Cool Water Night Dive«), kühles Wasser, fröhlicher Sommer (»Cool Water Happy Summer«), kühles Wasser, kühler Sommer (»Cool Water Cool Summer«) oder kühles Wasser ins Meer (»Cool Water into the Ocean«). Und in deutschen Parfümerien, in deren Regalen bis vor wenigen Jahren allenfalls »Chanel No. 5«, »Chanel No. 19« sowie ein paar weitere eher unspektakulär nach diversen Madames und Monsieurs benannte Dauerbrenner standen, tummelten sich plötzlich Hunderte kleiner, bunter Kartons, die übersetzt alles Mögliche bedeuteten – nur nicht das, wonach sie rochen. Calvin Klein setzte zum Beispiel auf »Ewigkeit« und »Besessenheit«, Hermès bepflanzte den »Garten am Nil« und den »Garten des Mannes«, Thierry Mugler bot »Außerirdische« und »Engel« feil, bei Christian Dior gab es unter anderem die Alternativen »Absolut blühend« und »Pures Gift«, und Donna Karan befahl den Damen »Sei köstlich« und »Sei versucht« – wenn man ihre Produkte denn allesamt ins Deutsche übersetzt hätte. Der einzige Trost bestand darin, dass auch die Kunden andernorts auf der Welt diesen sinnfreien Nonsens angeboten bekamen.

Bald kannte jedoch auch die Kreativität urdeutscher Unternehmer und Unternehmen keine Grenzen mehr. Der gebürtige Potsdamer Wolfgang Joop ließ Düfte unter den Namen »All about Eve«, »What about Adam« sowie »Nightflight« kreieren, obschon selbst der Firmengründer auf einem Nachtflug vermutlich am liebsten in Ruhe schlafen anstatt fruchtig-maskulin riechen möchte. Escada, sesshaft im oberbayerischen Aschheim, dachte sich so drollige Bezeichnungen wie »Absolutely me«, »Incredible me«, »Into the Blue«, »Island Kiss«, »Magnetism«, »Moon Sparkle«, oder »Sexy Graffiti« aus. Die Hamburgerin Jil Sander brachte sich mit »Sun«, »Sun Delight«, »Sun Men«, »Style« oder »Sport for Women« und »Sport for Men« in das Sprachgewirr ein. Hugo Boss drängte von der schwäbischen Alb aus mit »Deep Red«, »Dark Blue«, oder »Orange« in die Läden und nannte seinen größten Verkaufsschlager schlicht »Bottled«, was in etwa so viel bedeutete wie »in Flaschen abgefüllt« – aber wenigstens nachweislich keinen Etikettenschwindel darstellte. Und die einstige »Kreuzlinger Mantelfabrik«, später besser bekannt unter dem Namen »Strellson« brachte die zwei Produktlinien »D.strict«, also Gegend, und »Loaded«, also »Geladen« auf den Markt. Wer angesichts dessen noch mit »Irisch Moos« um die Ecke kam, war mindestens von vorgestern. Oder ein rückständiger »Best Ager«, wie die freundliche Bezeichnung für Senioren in dieser Sparte hieß.

Als waren derlei Produktbezeichnungen allein nicht albern genug, schlugen die im Zuge dessen erdachten Werbebotschaften jedoch alles, was an sprachlicher Torheit bis dato auf hiesigen Plakatflächen oder Schaufensterfronten klebte. Calvin Klein etwa ließ sein geschlechterübergreifendes »One« mit dem Spruch »A Fragrance for a Man or a Woman« anpreisen, was zwar wenig bis gar nichts über das Parfüm an sich aussagte, zumindest aber die Nutzung durch einen Hund, eine Katze oder einen Frosch ausschloss. Joop versuchte es 1990 noch mit der beinahe poetischen, zumindest aber deutschen »Umarmung der Seele«, wechselte dann aber doch lieber ins Englische und warb unter anderem mit »It's always Time to play«; einer Losung, die streng genommen nur für Vorschulkinder galt. Boss setzte Ende der Achtzigerjahre ebenfalls zunächst muttersprachlich schlicht auf den »Duft

für Männer«, bis der Satz »Don't imitate, innovate« eingeführt wur-
de, obwohl man mit dem Kauf eines solchen Massenartikels sehr wohl
Hunderttausende anderer Männer imitierte. Und auch mein »Cool
Water« kaufte ich anfangs noch aufgrund des Hinweises »Das Prinzip
des Duftes«, bevor mir gewahr wurde, »The Power of cool« auf meinen
Oberkörper zu sprühen, also »Die Macht der Kühle«.

Doch nicht nur bei der Lobpreisung ihrer Waren bedienten sich die
Kosmetikkonzerne einer komischen Fantasiesprache, die uns Kunden
offenbar beeindrucken sollte. Beinahe noch schlimmer wurde es ab
Mitte der Neunzigerjahre bei Cremes und Lotionen, die auf den Markt
geworfen wurden mit Weisheiten, wie sie sich Loriot nicht schöner hätte ausdenken können: Ein Produkt von L'Oréal, das die Haut angeblich
zu straffen vermochte, bekam den Zusatz »Revitalift Total Repair«, was
in etwa »wiederbelebende und anhebende Komplett-Reparatur« bedeutete. Das Unternehmen Clinique, dessen Firmenname auf Deutsch
ausgesprochen höchstens im Gesundheitswesen erfolgversprechend
gewesen wäre, entwickelte eine Sonnenschutz-Linie mit dem Titel
»Even Better Dark Spot Defense«, was etwas wirr eine »noch bessere,
dunkle Flecken-Verteidigung« benennt. Der »Moisture Surge Extended
Thirst Relief« vom gleichen Hersteller wäre als »Feuchtigkeitsschwall
mit erweiterter Dursterleichterung« bestimmt genauso ein Ladenhüter
wie der »Youth Surge Age Decelerating Moisturizer« als »Drang zur
Jugend und altersentschleunigender Feuchtigkeitsspender«. Shiseidos
Augencreme »Bio-Performance LiftDynamic Eye Treatment« kommt
als »Bio-Leistungs, Aufzug-dynamische Augenbehandlung« ebenfalls
nicht mehr ganz so attraktiv daher, und ob wir uns den »Invisible Oil
Heat/UV Protective Primer« auch als »unsichtbare Ölheizung mit UV-
Schutzgrundierung« in die Haare schmieren würden, darf stark be-
zweifelt werden.

Es war wirklich verrückt: An unserem Körper gab es von Kopf bis Fuß
nichts mehr, was noch als solches bezeichnet wurde. Anstatt die Haare
wie bisher schlicht zu waschen, sollten wir nun »Hair Care« betreiben

mit »Resurrection Shampoos«, »Professional Smartbond Conditioners« und »Repair Masks«. In Form bringen ließ sich die Matte dann mit »Forming Creams«, »Styling Gels« oder »Volume Waxes«, und besonders Mutige griffen gar zu höchst absonderlichen Dingen in extra grellen Behältnissen wie etwa Wellas »Sculpt Force Flubber«, was ungefähr als »Schleim mit der Kraft eines Bildhauers« übersetzt werden kann und auf diese Weise wohl kaum vertrauenswürdig klang. Unser Gesicht wurde zum »Face« oder zur »Visage« erklärt und erhielt fortan jede Menge »Purifying Creams«, »Anti-Aging Moisturizers« und »Skin Retouchers«, während die Augen, beziehungsweise the Eyes, »Hydrating Essences«, »Wrinkle Reducing Balms« und »Power Firm and Lift Therapys« über sich ergehen lassen mussten. Selbst die biedere und wenig attraktive Fußpflege hörte sich dank Produkten wie dem »Extra Treatment for Feet Heels« – also einer »Extra-Behandlung für Fuß-Fersen« oder dem »Sparkle Skin Body Exfoliating Cream«-Peeling schicker an, wobei nicht einmal der Hersteller selbst erklären kann, um was es sich bei einem »Exfoliating« tatsächlich handelt.

Diese Liste des Grauens ließe sich endlos fortsetzen mit all den »Sensitive Ultra Facial«-Salben; »Slow-Ager«-Schmieren und »Fuel Energizer«-Lotionen für Skin und Body, die heutzutage erhältlich sind und deren unaussprechliche Bezeichnungen wahrscheinlich nicht einmal jene »Product Manager« kapierten, die sie sich einst ausgedacht hatten. Der zumeist recht teure Tinnef in all den Tiegeln, Dosen und Sprühflaschen diente selbstverständlich nicht nur der Schönheit, sondern musste uns mindestens »beautiful« oder »pretty«, besser noch »lovely« und unseren »Look« vielleicht sogar ein bisschen »glossy« oder »shiny« machen, und wenn wir trotz aller sündteuren Versuche beim besten Willen nicht glänzen oder schimmern wollten, dann sollten wir zumindest »happy« oder »lucky« sein. Wella umwarb uns hierfür mit »Perfectly You«, Estée Lauder mit »Defining Beauty«, Ellen Betrix inszenierte sich als »Care Company« und der US-Kosmetikriese Maybelline ließ eine Frauenstimme die nichtssagende Andeutung hauchen

»Maybe it's Maybelline«. Dass sich diese Sprache auf den Handel übertrug, war da nur konsequent, und selbst wenn Branchenführer Douglas seinen legendär dümmlichen Werbespruch »Come in and find out«, der von der Kundschaft Umfragen zufolge mehrheitlich mit »Komm rein und finde wieder raus« übersetzt wurde, zwischenzeitlich ersetzte, machte es die Nachfolgemaxime »Your Partner in Beauty« nicht wirklich besser.

Auch das gute, alte »Hattric« meines Vaters hatte sich derweil verändert, zumindest ein bisschen. Uwe Seelers vor rund fünfzig Jahren pfeifend vorgetragene Losung »Typisch männlich, herb und frisch« existierte natürlich schon längst nicht mehr, aber zumindest haben die Macher eine anbiedernde angelsächsische Variante wie »Typical male, dry and fresh«, wie sie heute vermutlich stattdessen üblich wäre, bislang noch nicht eingeführt. Dafür hat die Verpackung einen dem Zeitgeist geschuldeten, kleinen Zusatz bekommen. »Hattric«, das ja schon früher ein – wenn auch harmloser – Vorreiter in Sachen englischer Produktbezeichnungen war, ist mittlerweile ganz offiziell ein Klassiker. Es heißt jetzt »Hattric Classic«.

Weil das Internet eine ganz hässliche Sprache kreierte

Das erste Mal in Berührung mit diesem Phänomen, das damals noch gar keines war, kam ich als junger Zeitungsredakteur, der die gerade eben umgestaltete und mit einer Kommentarfunktion ausgestattete Webseite des Verlages betreuen musste. Natürlich hatten uns auch zuvor nach einzelnen strittigen Artikeln immer mal wieder seltsame Briefe erreicht, die keinen Absender trugen, dafür aber eine Menge deftiger Wörter enthielten. Nun aber verfügten auch wir über eine Onlinepräsenz, die vom Verlagsleiter in einer vollmundigen Rede vor der gesamten Belegschaft vorgestellt wurde, weil sie interaktiv sein sollte. Und weil man in den Anfangszeiten des sagenumwobenen Internet 2.0 zu Beginn des neuen Jahrtausends noch arglos und hoffnungsfroh war, was das Benehmen der Nutzer betraf, erschienen diese Kommentare vollkommen ungeprüft auf unserer Seite: Ein recht einfaches Computerprogramm sorgte dafür, dass sie nach der Eingabe sichtbar wurden, und für uns Redakteure existierte keine Handhabe, die Beiträge zu bearbeiten oder zu löschen.

Es dauerte keine vierundzwanzig Stunden, bis zum ersten Mal das Wort »Arschloch« auf unserer Webseite erschien. Es stand weiß auf grün auf dem Bildschirm meines Computers, auf dem ich die Geschichten und Bilder aus der gedruckten Zeitung hochladen und ins Netz stellen musste, und ich wusste, dass es alle sahen, wenn ich es sah. Eine Kollegin hatte einen Artikel über einen streitbaren Hundehalter geschrieben, der sich weigerte, seinen erst acht oder neun Monate alten Boxer im Stadtpark anzuleinen und deshalb gegen die entsprechende Vorschrift vor dem Verwaltungsgericht klagte. Es gab noch keine Stellungnahme der Stadt zu dem Vorfall und erst recht kein Urteil; es gab nur diesen harmlosen Artikel. Auf unserer Seite aber brach die Hölle los. Das Vokabular, das die meisten Kommentatoren benutzten, war nicht druckreif. Dem »Arschloch« folgten schnell weitaus schlimmere Beleidigungen; Hundehalter und Hundehasser bepöbelten sich gegenseitig in einer nie geahnten Weise, es war die Rede von »Tier-Faschisten« und »gehirnamputierten Vollidioten« und davon, wie ein gewisser Adolf Hitler sechzig Jahre zuvor mit derlei Gesindel umzugehen wusste. Und ich saß machtlos an meinem PC und versuchte verzweifelt, jene Firma zu erreichen, die uns die Seite programmiert hatte.

Nach einigem Hin und Her und mehreren Konferenzen mit der Verlagsleitung wurde in unser Bearbeitungsprogramm binnen weniger Tage eilig die Möglichkeit eingebaut, alle Kommentare von unserer Seite aus vorab zu prüfen, bevor sie erschienen. Dann beruhigte sich die Lage zunächst. Weil die meisten anonymen Verfasser offenbar ahnten, dass keiner von uns ihre Meinung veröffentlichen würde, wenn diese vorwiegend aus Kraftausdrücken bestand, mäßigte sich auch die Sprache; von gelegentlichen persönlichen Beschimpfungen einmal abgesehen. Niemand von uns konnte ahnen, dass es nur die Ruhe vor dem Sturm war – aus heutiger Sicht könnte man getrost sagen: Die Ruhe vor dem »Shitstorm«! Denn im Internet begann mit der Möglichkeit zur Mitwirkung eines jeden Einzelnen eine Entwicklung, die im Laufe der letzten Jahre auch eine ganz neue und vor allem sehr hässliche Sprache hervorbrachte: die sogenannte »Hate Speech«, die sich anscheinend unabhängig vom Bildungsgrad ganz einfach erlernen ließ.

Nun wissen wir natürlich, dass Hass leider Gottes schon immer eine zutiefst menschliche Regung war: Es existiert kein Tier auf diesem Planeten, das dieses negativste aller Gefühle verspüren kann, und man muss davon ausgehen, dass der Hass genauso alt ist wie die Menschheit selbst. Vermutlich haben wir uns auch schon immer gegenseitig beschimpft, seit wir vor rund fünfhunderttausend bis hunderttausend Jahren – die Forscher sind sich hier recht uneins – lernten, uns zu artikulieren. Zeugnisse hierfür gibt es genügend: Bereits im antiken Griechenland war verbale Gewalt bekannt. Jedenfalls wurde bereits vor knapp zweitausendfünfhundert Jahren der Tatbestand der »Üblen Nachrede« in das athenische Recht aufgenommen, und als Beleidigung galt demnach die Bezeichnung »Mörder« oder die öffentliche Herabwürdigung des Berufes eines anderen auf dem Marktplatz. Der römische Dichter Catull betitelte in seinen Gedichten im Jahrhundert vor Christi Geburt Julius Cäsar unter anderem als »Penis«. Die »Majestätsbeleidigung« als eines der kapitalsten Verbrechen überhaupt zog sich durch nahezu zwei Jahrtausende staatenübergreifender Herrschaftsgeschichte und wurde zumeist mit dem Tode bestraft. Im Mittelalter erkannte die Obrigkeit die »Zungensünde« als ernstes gesellschaftliches Problem und behandelte sie wie die achte Todsünde, während kreative Choleriker dennoch allein im hiesigen Sprachgebrauch Hunderte neuer Schimpfwörter wie »Galgenschwengel«, »Hundsfott« oder »Tellerlecker« erfanden und nach deren Verwendung oft am Pranger und gelegentlich auf dem Schafott endeten. Und in der Neuzeit hauten sich aufbrausende Berufspolitiker wie Franz Josef Strauß, Herbert Wehner oder Rainer Barzel sogar im ehrwürdigen Parlament wenig ehrwürdige Begriffe wie »Berufsrandalierer«, »Galgenkandidat«, »Nadelstreifenrocker«, »Petersilien-Guru« oder »Putzlumpen« um die Ohren.

Man konnte folglich nicht behaupten, das Internet allein trage die Schuld daran, dass sich Menschen gegenseitig diffamierten. Das Problem war nur: Durch das Web und insbesondere durch die immer stärkere Bedeutung sozialer Netzwerke sank die Hemmschwelle enorm: Niemand musste mehr befürchten, am Galgen oder wenigstens vor Gericht zu landen, wenn er einen hochrangigen Würdenträger, seinen Nachbarn oder den früheren Partner beleidigte. Es gab bald ausreichende Möglichkeiten, sich in der Anonymität zu verstecken, und wenn eine Internetseite wie die unserer Zeitung den Zugang erschwerte, dann gab es hundert neue, die dies nicht taten.

Plötzlich erhielt jeder Kleingeist die Gelegenheit, seine Anschauung ungefiltert zu verbreiten – ganz egal, wie unanständig oder abwegig sie war. Während sich frühere Hetzer für ihre Tiraden verantworten oder Wehner und Strauß sich wenigstens noch in die Augen schauen mussten, reichten nun ein wütender Gedanke sowie ein Mausklick – und selbst die primitivste Injurie ging online. Im besten Fall meldeten sich daraufhin andere Agitatoren zu Wort, die sich an dem Geschriebenen störten oder sie guthießen. Die Schmähungen bekamen einen Beschleuniger, der nach dem Motto funktionierte, dass derjenige am meisten Gehör bekam, der am lautesten schrie. Und so wurde die Sprache immer drastischer.

Eine Forsa-Umfrage im Auftrag der nordrhein-westfälischen Landesanstalt für Medien aus dem Jahr 2016 ergab, dass zwei Drittel aller befragten Personen bereits mit Hassbotschaften in sozialen Netzwerken, Internetforen oder Blogs konfrontiert wurden; in der Altersgruppe der Vierzehn- bis Vierundzwanzigjährigen machten sogar 91 Prozent schon Erfahrungen mit Hass im Netz, gegen dessen verbale Ausformungen jede mittelalterliche Demütigung wie ein nett gemeintes Kompliment klingt. Jeder Dritte ist verängstigt deswegen, und obwohl nur 20 Prozent aller Hasskommentare gemeldet werden, entfernt alleine Facebook über hunderttausend davon jeden Monat. Was all die vulgären und obszönen Kränkungen bei denen verursachen, an die sie gerichtet sind, dazu existieren noch keine belastbaren Studien.

Vermutlich dürften die Langzeitfolgen bei einem jungen Menschen, der für jedermann sichtbar wahlweise als »fette Sau«, »widerliche

Schwuchtel«, »abstoßende Missgeburt«, »dumme Hure« oder mit noch schlimmeren Begrifflichkeiten betitelt wird, noch verheerender ausfallen als bei den vielen Prominenten, deren wie auch immer geartetes Handeln mittlerweile wie selbstverständlich dergestalt kommentiert wird. Da helfen Strafen wie jenes Bußgeld von zweitausend Euro, das ein Internetpöbler zahlen musste, weil er Angela Merkel die öffentliche Steinigung wünschte, auch nur bedingt: Der Mann hatte im Chatroom aus Versehen seinen Klarnamen verwendet, was freilich die wenigsten Denunzianten tun.

Auch mein einstiger Arbeitgeber führte nach einigen Monaten und der erneuten Zunahme fragwürdigen Vokabulars eine Nutzer-Registrierung ein, die den wahren Namen, eine Kontaktadresse sowie eine Telefonnummer erforderte, unter der wir die Angaben verifizieren konnten. Die Folge davon war, dass die Frequenz von zuvor mehreren Hundert Kommentaren täglich auf vielleicht noch zwanzig oder dreißig pro Tag sank – ganz egal, wie sehr das jeweilige Thema die Menschen auch aufwühlte. Unsere Leser hatten ganz offensichtlich keine Lust und keine Traute, ihre Meinung unter ihrer tatsächlichen Identität kundzutun. Danach erreichten uns wieder nurmehr die aus den Vor-Internet-Zeiten gewohnten anonymen Leserbriefe. Deren unschätzbarer Vorteil war und blieb, dass man sie einfach zerreißen und in den Papierkorb werfen konnte, und niemand außer einem selbst oder vielleicht noch unserer gutmütigen Redaktionssekretärin je von deren Inhalt erfuhr. In Zeiten von hundertachtundzwanzig Minuten durchschnittlicher Internetnutzung täglich jedoch war das ein schwacher Trost.

Heute wirken sich die Online-Beschimpfungen längst auch auf das analoge Leben aus – und beispielsweise ehrenamtlich tätige Kommunalpolitiker treten entnervt oder verängstigt von ihren Ämtern zurück, weil sie über Monate hinweg mit Verunglimpfungen überzogen wurden. Wie tief inzwischen Sitten und Sprache im Internet tatsächlich gesunken sind, zeigt sich perfekt anhand einer Broschüre der gemeinnützigen Amadeu Antonio Stiftung: Eine der Verfasserinnen des informativen Heftchens nannte einen Journalisten auf einer Online-Plattform ein »verlogenes Arschloch« und twitterte, den damaligen Bundesaußenminister Frank-Walter Steinmeier wegen dessen Ansichten »am liebsten anspucken zu wollen«. Das Thema des Papiers, dessen Autorin sich auf diese ungehörige Weise zu Wort meldete, war der richtige Umgang mit »Hate Speech«. Wenn aber schon jene Menschen zu solchen Mitteln greifen, die eigentlich vor ihren Folgen warnen sollen, dann kann man als Außenstehender einfach nur sprachlos zurückbleiben. Das allerdings ist in diesem Zusammenhang vermutlich sowieso die beste Entscheidung!

Weil die Maus nicht im Pfeffer begraben lag

Noch einmal möchte ich auf Frau Baumgart zurückkommen, meine bemerkenswerte Grundschullehrerin. Sie schaffte es nicht nur, beinahe drei Dutzend Kinder unterschiedlicher sozialer und ethnischer Herkunft – immerhin stammte Luisa aus Italien, Jean aus Frankreich, Roman aus der Tschechoslowakei und Maria aus Spanien – umfassend auf die großen Herausforderungen des Lebens vorzubreiten, indem sie uns mit einer Engelsgeduld die Grundzüge der Mathematik lehrte, filigrane Bastelarbeiten anleitete, die Natur erklärte und – wie schon erwähnt – für unsere Muttersprache sensibilisierte. Und sie versuchte über den Lehrplan einer dritten und vierten Klasse hinaus, ihre breitgefächerte Allgemeinbildung auf uns halbwüchsige Schüler, die wir uns gerade mal für die »Biene Maja« oder »Captain Future« begeisterten, zu übertragen. Dazu gehörte, dass sie uns eine Menge geflügelter Worte beizubringen versuchte, die sie uns immer wieder geduldig erklärte. Kam einer ihrer Zöglinge zum Beispiel zu spät zum Unterricht, pflegte sie mit milder Bestimmtheit zu sagen, nur Morgenstund' habe Gold im Mund – um gleich danach auszuführen, warum das so war. Natürlich hatten wir keine Ahnung, worin bei diesem komischen Ausspruch der Zusammenhang lag: Die meisten von uns kannten Gold allenfalls aus den »Lustigen Taschenbüchern«, weil Dagobert Duck in seinem Geldspeicher gerne ein erfrischendes Bad darin nahm. Ja, eine Zeitlang dachte ich wirklich, dass man in Gold so ausgelassen plantschen konnte wie weiland die reichste Ente der Welt, doch nach der Erläuterung von Frau Baumgart wusste ich erstens, dass dieses Edelmetall zwar einen geringeren Härtegrad als etwa Eisen, Stahl oder Glas besaß, ein Kopfsprung in ein Münzbecken aber dennoch mindestens einen schweren Schädelbasisbruch nach sich ziehen würde. Und ich wusste außerdem, dass das Sprichwort mit dem Gold und dem Mund aus dem Lateinischen stammte, weil die Menschen im alten Rom davon überzeugt waren, dass jene Zeitgenossen in ihren Geschäftsangelegenheiten erfolgreicher waren, die möglichst viel Zeit des Tages dafür nutzten. Vermutlich also war Onkel Dagobert auch ein Frühaufsteher.

Und so ging es weiter: »Einsicht« war »der erste Weg zur Besserung« bei Dirk, der nach seinem dritten Fünfer im Diktat innerhalb weniger Wochen endlich freiwillig zur Nachmittagsnachhilfe marschierte. »Man wird alt wie ein Haus und lernt doch nie aus«, lachte sie, wenn einer von uns mit ihr unbekannten Neuerungen wie Klettverschluss-Schuhen, einem tragbaren Kassettenrecorder oder einer Büchertasche mit integrierten Leuchtstreifen zur Schule kam. Wir durften »den Tag nie vor dem Abend loben«, wenn nach einer überraschenden Eins minus in Rechnen noch eine weitere Prüfung vor dem Zeugnis anstand. Eher ging »ein Kamel durch ein Nadelöhr«, als dass unsere Schule die dringend benötigte neue Turnhalle bewilligt bekam. Und ausgerechnet mich versah meine kluge Lehrerin sogar mit einem Goethe-Zitat.

Es war kurz vor dem Übertritt in das Gymnasium, und ich hatte mich das erste Mal verliebt; zumindest so, wie sich ein Zehnjähriger eben verlieben konnte. Sabrina allerdings erwiderte meine Zuneigung nicht. Ich war darüber traurig, wütend, hoffnungslos und ängstlich wegen der anstehenden einschneidenden Veränderungen, die es mit sich brachten, dass ich ab Herbst vermutlich weder Sabrina noch Frau Baumgart jemals wiedersehen würde. Und in diese tiefe Niedergeschlagenheit hinein nahm mich meine Lehrerin zur Seite und sprach: »Wenn dir's im Kopf und Herzen schwirrt, was willst du Bess'res haben: Wer nicht mehr liebt und nicht mehr irrt, der lasse sich begraben!« Ich verstand den Reim damals nicht wirklich, aber ich fand ihn irgendwie schön – wahrscheinlich wegen der Vorstellung, dass es in meinem Körper tatsächlich schwirrte, was mich wiederum an die »Biene Maja« erinnerte und das erste Mal seit Wochen zum Schmunzeln brachte. Vor allem aber vergaß ich ihn nicht, und irgendwann wusste ich, was sie mir damit sagen wollte. Heute ist mir klar, wie recht die Frau mit dieser kleinen Weisheit des großen Dichters in meinem Fall hatte.

Seitdem aber musste ich leider feststellen, dass kaum ein Mensch Redewendungen und dergleichen derart fehlerfrei wiedergeben konnte wie meine Frau Baumgart. Herr Emmerdinger, ein aufbrausender Kollege bei der Zeitung, für die ich viele Jahre arbeitete, versah unseren Vorgesetzten jedes Mal mit demselben leisen Fluch, wenn dieser ihm einen ungeliebten Schreibauftrag erteilte. Er sagte: »Das setzt dem Fass die Krone auf!« Zunächst dachte ich, dass er nur einen Witz machen wollte, denn an und für sich handelte es sich bei Herrn Emmerdinger um einen recht gebildeten Mann, der seinen Erzählungen zufolge freitags in Theater ging und gerne Martin Walser las. Aber nach der ungefähr zehnten völlig ironiefreien Benutzung des gekrönten Fasses war mir klar, dass er es schlicht nicht besser wusste – und sich offenbar auch nie Gedanken darüber machte, dass der Satz in seiner Variante keinerlei Sinn ergab: »Dem Fass den Boden ausschlagen« hatte seinen Ursprung im 16. Jahrhundert; damals wurden Brauern, die das Reinheitsgebot missachteten, die Fassböden zerstört, um das unreine Bier schleunigst zu vernichten. »Dem Ganzen die Krone aufsetzen« entstand dagegen, weil der Bauherr einem Gebäude nach der Fertigstellung des Rohbaus die Richtkrone aufsetzte, um damit zu verdeutlichen, dass das Werk weitgehend getan war. Miteinander hatten die beiden Sprichwörter rein gar nichts zu tun, und dass sie bisweilen in einem ähnlichen Kontext benutzt wurden, wenn einem nämlich etwas gehörig missfiel, machte es auch nicht besser. Aber Herr Emmerdinger war mit seinem sprachlichen Halbwissen nicht alleine.

Auch andernorts begegneten mir immer wieder in Gesprächen, Briefen oder Vorträgen entstellte oder vertauschte Sinnsprüche – wie die gelegentlich schon mal »im Pfeffer begrabene Maus« sowie der »Hase, der keinen Faden abbiss«. Dabei wusste schon Johann Christoph Adelung in seinem »Grammatisch-kritischen Wörterbuch der Hochdeutschen Mundart« von 1801 allein den *Hasen* im Pfeffer, wenn der wahre Grund für eine Angelegenheit feststand – so, wie das Schicksal des Tieres als Festtagsmahl spätestens dann besiegelt war, wenn es bereits mariniert wurde. Und nur die *Maus* konnte richtigerweise den Faden nicht abbeißen, weil daran früher die Lebensmittel an der Decke befestigt waren, die der gefräßige Nager eben gerade nicht erreichen sollte – was damit die unabänderliche Tatsache bezeichnete, für die das Sprichwort heute steht.

Nachdem mir der arg oberflächliche Umgang mit an sich klugen Lebensweisheiten erst mal aufgefallen war, gab es für mich kein Weghören mehr: Manche Menschen »strichen das Handtuch« oder »schmissen das Segel«, wenn sie aufgaben. Andere brachten »die Dinge aufs Trapez«, wenn sie eigentlich eine Diskussion anstoßen wollten – dabei lag das »Tapet« oft direkt vor ihnen, handelte es sich bei diesem doch wörtlich übersetzt um den Bezug eines Konferenztisches. Die Grenze zur Parodie war diesbezüglich häufig fließend, doch wenn man nur oft genug hörte, dass man einem anderen mal eben »aus der Bretagne helfen« sollte, dann geriet die Bredouille als vom französischen Brettspiel »TricTrac« entliehene Bezeichnung für eine ziemlich starke »Bedrängnis« tatsächlich in Vergessenheit. Und obwohl sich viele solcher Fehlleistungen lustig anhörten, waren doch die meisten von ihnen leider ernst gemeint. Jener Bekannte, der statt eines »Pyrrhussieges« unlängst den »Phallussieg« ausrief, kannte jedenfalls weder König Pyrrhus von Epirus, der seinen Triumph über die Römer in der Schlacht von Asculum mit derart vielen Truppenverlusten bezahlen musste, dass er am Ende doch der große Verlierer war, noch wusste er, dass der Phallus im Altgriechischen für einen erigierten Penis stand.

Von der »gelben Brille« und dem »rosaroten Ei« aus war es auch kein großer Schritt mehr zur fehlerhaften Benutzung von Fremdwörtern. Der Sprecher einer ARD-Hörfunkanstalt beispielsweise berichtete neulich aufgeregt vom »sagenumworbenen« Bernsteinzimmer, um das sich zahlreiche Legenden rankten, die aber rein gar nichts mit der Werbung zu tun hatten. Der Begriff »hochsterilisieren« anstelle des eigentlich gemeinten »hochstilisieren« hält sich hartnäckig seit seiner ersten breitenwirksamen Benutzung durch den damaligen Kaiserslauterer Mittelstürmer Bruno Labbadia. Klaus Hilpert, der ehemalige Geschäftsführer des VfL Bochum, betonte einst, die Mannschaft für die kommende Spielzeit »karibisch« zusammengestellt zu haben – in offenbarer Unkenntnis jener Akribie, die im Kirchenlateinischen die größtmögliche Sorgfalt bezeichnete. Und der frühere österreichische Nationalspieler Peter Pacult betonte in jungen Jahren gar, der FC Innsbruck habe im kommenden Jahr eine »Obduktion« auf ihn – obwohl sein Berater ihm vermutlich keine Leichenschau, sondern lediglich eine Klausel hinsichtlich eines eventuellen Vereinswechsels im Vertrag zugesichert hatte.

Es gibt sogar eine wissenschaftliche Bezeichnung für derlei sprachliche Irrungen und Wirrungen: Man nennt diese Unzulänglichkeiten »Malapropismen« – nach der 1775 vom britischen Dramatiker Richard Brinsley Sheridan erdachten Romanfigur Mrs. Malaprop, die in der Erzählung »Die Rivalen« fortlaufend umständliche Wörter verwendete, um damit ihre Umwelt zu beeindrucken, sich aber nicht merken konnte, wie diese Wörter tatsächlich lauteten oder auch nur ausgesprochen wurden. Sheridan charakterisierte sein sprachlich irrlichterndes literarisches Geschöpf sogar durch dessen Namen selbst – »Malaprop«

war vom französischen Ausdruck »mal à propos« abgeleitet, was auf Deutsch »unangemessen« bedeutete. Das wiederum schien ganz sicher kein Zufall zu sein: Dichter Sheridan war schließlich eine Konifere auf seinem Gebiet. Oder so ähnlich.

Frau Baumgart indes ist meiner Erinnerung nach kein einziger solcher Labskaus unterlaufen, während sie die von ihr so geschätzten Weisheiten an uns weitergab. Dafür hätte sie an einer Textzeile des Liedermachers Heinz Rudolf Kunze bestimmt ihre helle Freundin gehabt. Kunze dichtete in seinem Titel »Verlautbarung« nämlich: »Wer das, was er im Trüben gefischt hat, heißer essen will, als es auf dem Krisenherd gekocht worden ist, muss sich doch fragen lassen, ob er eine Antwort weiß auf das, was aus dem Wald herausschallt, wenn man die Früchte ernten will, die man nicht selber geschürt hat.« Natürlich weiß ich nicht, ob meine Lehrerin jemals von Heinz Rudolf Kunze und seiner Musik gehört hatte. Immerhin möglich wäre es: Das Lied »Verlautbarung« erschien bereits 1984, und zu dieser Zeit unterrichtete sie noch – und zwar sogar mich und meine Klassenkameraden. Mittlerweile jedoch ist sie leider längst gestorben.

Aber das spielt ja jetzt auch keine Rolle mehr zur Debatte.

Weil selbst eine Party noch lange kein Event darstellte

Alles in allem ging ich vierzehn Jahre lang zur Schule, einschließlich einer eher unehrenhaften Ehrenrunde in der zehnten Klasse, in der meine schon lange zuvor zutage getretene Rechenschwäche mit meiner trotzigen Arbeitsverweigerung im Fach Französisch eine unheilvolle Allianz bildeten. In diesen beinahe eineinhalb Jahrzehnten musste ich Hunderte literarische Pflichtstoffe über mich ergehen lassen – von der Geschichte vom Hasen und dem Igel am Anfang bis zur verlorenen Ehre der Katharina Blum am Ende. Die meisten davon interessierten mich nicht einmal das kurze Reclam-Erklärheftchen lang, weshalb ich sie auch längst wieder vergessen habe.

Ein paar poetische Meilensteine aus dem Lehrplan haben sich bei mir über die üblichen Verdächtigen wie Goethe, Schiller oder Kafka hinaus dann aber doch nachhaltig eingeprägt. Ich kann nicht sagen, warum mich gerade diese Werke fesselten, aber bis heute bekomme ich Gänsehaut, wenn ich den »Besuch der alten Dame« von Friedrich Dürrenmatt lese, leide ich jedes Mals aufs Neue mit Heinrich Manns

»Professor Unrat«, muss ich weinen, wenn ich an »Peter Schlemihls wundersame Geschichte« von Adelbert von Chamisso denke. Und ich erinnere mich mit größtem Schaudern an die hochanstrengende Lektüre von Wolfgang Koeppens »Tauben im Gras«, über das ich ein Referat in der Kollegstufe halten musste. Koeppen erzählt dort über hundert verschiedene Handlungsstränge, webt sie im Laufe des Buches immer weiter zusammen und benutzt für dieses waghalsige Unterfangen eine für das Entstehungsjahr 1951 äußerst moderne, schnörkellose, fast schon provokante Ausdrucksweise. Und er verwendet darin, zum vermutlich ersten Mal im Deutschen, das Wort »Party«.
Diese erstaunliche Tatsache war mir zum Zeitpunkt, an dem ich meinen Vortrag hielt, natürlich nicht klar gewesen. Ich ackerte mich förmlich durch den Roman, es war intellektuelle Schwerstarbeit in Zeiten, in denen man keine Zusammenfassung im Internet ergaunern konnte und sich ansonsten weniger für die gesellschaftlichen Verwerfungen im Nachkriegsdeutschland interessierte, sondern eher für die Mädchen aus der Parallelklasse. Vermutlich las ich also über den Begriff »Party« einfach hinweg. Erstens schrieb Koeppen ohnehin progressiv und heftig: von Männern die pissten, von frechen Niggern, Schwulen und der sauer gewordenen Geilheit, die Philipps Pensionswirt aus den Augen sprach. Außerdem benutzte ich dieses englische Wort ohnehin ständig und selbstverständlich für jede Art von Festivität, auf die ich bis dahin jemals in meinem Leben gegangen war: Ich feierte jede Menge Geburtstagspartys, Abschiedspartys, Faschingspartys oder Übernachtungspartys, und das Untergeschoss im Elternhaus meines besten Freundes, in dem wir uns jeden zweiten Samstag verabredeten, war mit seiner professionellen Schankanlage, dem Blaupunkt-Plattenspieler samt Standlautsprechern sowie der Glitzerkugel an der Decke ohne Zweifel ein Partykeller. Kurz gesagt: Meine gesamte Freizeit bestand damals, zumindest sprachlich gesehen, aus einer einzigen Party, und es wäre völlig abwegig gewesen, von »Lustbarkeiten« zu sprechen, von »Vergnügungen« oder gar von »Budenzauber«, wie es der Duden stattdessen vorschlug.

Weil selbst eine Party noch lange kein Event darstellte

Diese sicherlich belanglose Erinnerung die Party an sich betreffend soll nur aufzeigen, dass es beileibe nicht immer sofort gefährlich ist, wenn fremde Begriffe in unseren Wortschatz gelangen. Inzwischen haben rund neun Prozent aller Begrifflichkeiten in unserer Sprache fremdsprachige Wurzeln. Dazu gehören auch vollkommen unnötige Exemplare: Man muss nicht wirklich »abgeturnt« sein, wenn man enttäuscht ist; nicht »happy«, wenn man sich zufrieden fühlt und nicht »busy« statt einfach nur überlastet. Ein Verband ist auch nicht zwingend ein »Tape«, eine Neufassung kein »Remake« oder ein Ruheraum keine »Chill out-Area«. Das Baby, der Computer, der Gully, das Hobby, die Jeans, der Nonsens, der Pullover, der Roboter, der Streik oder die Veranda jedoch – um nur einige populäre Anglizismen zu nennen – hatten sich hierzulande längst verselbstständigt, und es wäre geradezu lächerlich, würden wir aus purem Reaktionismus heraus »dummer August« zu einem Clown sagen, »Tomatenwürzsoße« zum Ketchup oder »getrocknete Maisflocken« anstelle von Cornflakes. Insofern ging die Party durchaus in Ordnung, und die »Fete«, auf die meine Eltern während ihrer Jugend gingen, weil sie damals noch keine Party kannten, war ja eigentlich eine Französin und insofern ebenso von außerhalb.

Ärgerlich wurde es nur, wenn mit diesen Wörtern noch weiterer Schindluder getrieben wurde, anstatt sie in einen anständigen deutschen Satz oder wenigstens Begriff einzubetten. Und genau das geschah seit dem Ende meiner Schulzeit immer häufiger: Seit 1994 jedenfalls vermehrte sich die Verwendung von Anglizismen in all ihren Erscheinungsformen laut Untersuchungen der Universität Bamberg alleine bei Substantiven um das Doppelte. Um allein bei dem genannten Beispiel zu bleiben: Die Party, die im Englischen nicht nur für ein Fest, sondern überdies auch für eine politische Partei, das Kommando oder eine zusammenhängende Gruppe von Menschen stehen konnte, hatte diesbezüglich offenbar eine verheerende Wirkung, denn bald gab es sie beinahe nur noch zusammen mit anderen Anglizismen. So entstanden »After-Work-Partys«, »Flatrate-Partys« oder »Bad Taste-Partys«, auf der passend zum Namen die geschmackloseste Kluft prämiert wurde. Die Einzugsfeier wurde zur »Housewarming-Party«, in den Diskotheken wurden wechselweise »Rap-«, »Hip-Hop-«, »House-«, »Techno-« oder »R'n-B-Partys« veranstaltet, und wenn man woanders zum Essen gebeten wurde, fand man sich womöglich auf einer »Kitchen-Party« wieder. Das alles hörte sich schon deutlich wüster an als die »Kinder- und Jugendparty«, die immer am ersten Donnerstag im Monat in unserem Gemeindehaus stattfand.

Und dann kam der Event, der als »das Event« laut Duden sogar zum Neutrum werden durfte – und machte alles nur noch schlimmer! Dem ursprünglichen Wortsinn nach handelte es sich bei einem Event bloß um ein schnödes Ereignis oder ein Begebnis, was verdeutlicht, wie gedankenlos uns die voranschreitende Eventisierung der vergangenen beiden Jahrzehnte bereits gemacht hat. Kaum jemand würde wahrscheinlich auf einen sogenannten »Eröffnungsvorgang« gehen, wenn er die entsprechende Einladung eines Modehauses im Briefkasten vorfände. Wurde darin aber großspurig ein »Opening Event« beworben, musste es schon etwas ganz Besonderes sein. Der Begriff verlieh ganz alltäglichen Geschehnissen oberflächlich betrachtet etwas Weltläufiges, weshalb sich Wissenschaftler nach einiger Zeit sogar ernsthaft bemühten, eine eigene Definition für den oder das Event zu finden, um ihn von einer bloßen Veranstaltung abzugrenzen. Außergewöhnlich sollte es sein, wenn es sich um Events handelte, aufsehenerregend und auffällig, darüber war man sich im Bereich der tatsächlich existierenden Eventforschung einig. Wie jedoch diese Merkmale objektiv aussehen sollten, darüber wusste niemand Bescheid. Außer den zahlreichen Event-Agenturen natürlich, die mit der Inszenierung des Modebegriffes ordentlich Kasse machten und den gewinnbringenden Stempel praktisch allen Begebenheiten aufdrückten, zu denen sich mehr als eine Handvoll Menschen einfanden.

Plötzlich konnte alles zu einem Event werden, jede Art von Aufführung zum Beispiel, egal ob es sich um ein Konzert handelte, den Kinobesuch, eine Theatervorstellung oder auch nur einen gewöhnlichen Fernsehfilm, wie das von RTL vor einigen Jahren ins Leben gerufene »Eventkino« bewies, während die Konkurrenz von SAT.1 auf wöchentliche »TV-Events« setzte. Selbst der Tanztee mit einem x-beliebigen Kurorchester klang als »Classic-Event« gleich viel bedeutsamer. Autohäuser riefen »Driving-Events« ins Leben und führten doch nur Probefahrten durch. Der Waldspaziergang stieg zum »Outdoor-Event« auf, der tagtägliche Sonnenuntergang hinter der seit vielen Millionen Jahren existierenden Bergkette wurde zum einzigartigen »Natur-Event« erklärt und jede mittelgroße Hausmesse zum »Business-Event« umgewidmet. Ein baufälliger Mehrzwecksaal war nun genauso eine »Event-Location« wie das Nebenzimmer des Landgasthofes, den man für sein ganz persönliches Event mieten konnte. Und selbst ein Fußballspiel oder ein Autorennen wurden uns interessierten Beobachtern der zunehmenden Kommerzialisierung wegen von zahlreichen Medien zu »Sport-Events« erklärt. Man blickte selbst in biederen Kleinstädten vor lauter »Highlights« im »Eventkalender« nicht mehr durch – allein die deutschsprachige Google-Suche nach dieser Wortentlehnung ergibt über 1,7 Millionen Ergebnisse. Und da sich mit diesem Etikettenschwindel noch immer recht viel Geld verdienen lässt, trifft sich der gesamte Wirtschaftszweig ein Mal jährlich in Dortmund, vermutlich hauptsächlich, um auf der Fachschau »Best of Events« neue sprachliche Ungetüme auszuhecken. Von den Organisatoren wird die Ausstellung übrigens als »Jahres-Opening der Event-Branche« bezeichnet, und dass die »legendäre BOE-Night am Abend des ersten Messetages eine Mischung aus Networking, Lifestyle und Entertainment« bietet, versteht sich angesichts dessen fast von selbst.

Während ich über all das nachdachte, fiel mir auch die Note wieder ein, die ich damals für mein Referat über Koeppens kompliziertes Werk erhielt. Es waren lediglich fünf Punkte; ein Ergebnis, das man getrost auch als Gnaden-Vier bezeichnen konnte. Mein Deutschlehrer warf mir vor, ich hätte die Kernaussage von »Tauben im Gras« nur unvollständig verstanden. Außerdem sei meine gesamte Darbietung eher lustlos und ohne erkennbare Begeisterung für den Stoff gewesen, auf gut Deutsch also stinklangweilig. Wenn ich ehrlich war, musste ich zugeben, dass er mit dieser Einschätzung recht hatte. Ich benutzte keine Bilder, keine Folien und keine sonstigen technischen Hilfsmittel, wie wir sie auch zu jener Zeit bereits zur Verfügung hatten. Ich stand nur an der Tafel und redete. Es war halt ein Vortrag und ganz und gar kein – Event.

Weil wir unsere Dialekte nicht schützten

Wie schon erwähnt kamen manche Kinder aus meiner Grundschulklasse aus anderen Ländern. Aber obwohl beispielsweise Roman immer wieder ins Tschechische verfiel, innerhalb eines Satzes Begriffe aus beiden Sprachen vermischte und einen wirklich lustigen Akzent besaß, der mich stets ein bisschen an Heinz Rühmann in der Rolle des braven Soldaten Schwejk erinnerte, verstand ich ihn ohne Probleme. Bei Frau Hirschmann war das anders. Sie war die Nachbarin meiner Eltern und der älteste Mensch, den ich überhaupt kannte. Obwohl sie wahrscheinlich seit Menschengedenken nebenan wohnte, kam sie nach eigener Aussage ursprünglich von woanders her: Sie stammte aus einem kleinen Dorf knapp zwanzig Kilometer von meiner Heimatstadt entfernt. Und genau so, wie sie es dort gelernt hatte, sprach sie auch viele Jahrzehnte später noch – und ich konnte ihr beim besten Willen nicht folgen.

Es war kaum zu glauben, dass es mir und wahrscheinlich auch allen anderen Leuten aus unserem Bekanntenkreis schwerer fiel, sich den

Wenn du mich frägst, macht das in keinster Weise Sinn

Tonfall einer Frau zu erschließen, die im Grunde nur einen Katzensprung entfernt geboren und aufgewachsen war, als den eines Buben aus dem Städtchen Krnov unmittelbar an der tschechisch-polnischen Grenze. Aber der Dialekt von Frau Hirschmann hatte gefühlt weniger Gemeinsamkeiten mit meiner eigentlichen Muttersprache als der drollige Mischmasch von Roman, der mit seiner Familie zu Beginn der Achtzigerjahre aus der ČSSR geflohen war und sich hier erst mühsam in die Grundzüge von Grammatik und Aussprache des Deutschen hatte einfinden müssen. Die Art, wie unsere Nachbarin sich verständigte, war mir dagegen nicht geheuer, und ich hätte im Traum nicht daran gedacht, dass ich es je bedauerte, etwas Derartiges nie wieder zu hören. Als ich jung war, schämte ich mich für den lokalen Einschlag in meiner eigenen Aussprache – obwohl der vom ohrenscheinlich eigenwilligen Sprachallerlei Frau Hirschmanns Lichtjahre weit entfernt war. Doch auch so waren für mich als Mittelfranke harte Konsonanten wie das T, das P oder das K schlichtweg nicht vorhanden. Ich verwendete ohne zu überlegen das in keine andere Mundart übertragbare Füll- und Betonungswörtchen »fei« in nahezu jedem Satz. Bei meiner Leibspeise handelte es sich um »Baggers«, die nur bei uns so hießen, anderswo aber als Reibekuchen oder Kartoffelpuffer bekannt waren. Wenn sich mein Vater ein »Seidla« bestellte, wusste ich, dass er ein Bier orderte. Sich zu »derhudzn« war auch meine fränkische Übersetzung von »beeilen«, und ich rief ganz automatisch »Allmächd«, wenn ich über eine Sache staunte.

Zu Hause fiel mir das alles nicht weiter auf, aber wenn ich mit meinen Eltern an der Nordsee Urlaub machte, wir einen Klassenausflug nach München unternahmen oder ich nur an einen Mitmenschen geriet, der hörbar nicht aus unserer Region stammte, bildete ich mir ein, dass man über mich und meine kauzige Aussprache lachte. Ich beneidete jeden, der akzentfreies Hochdeutsch sprach – wie Hannoveraner, Filmschauspieler oder all die zungenfertigen Nachrichtensprecher in Fernsehen und Radio, während ich mir im Gegensatz dazu vorkam wie ein minderbemittelter Dorftrottel. Also versuchte ich, mir mein Idiom in der Pubertät mühsam abzugewöhnen. Es gelang mir freilich nicht vollständig, weshalb ich außerhalb meiner Heimat sogar andere Dialekte imitierte und etwa in Wien, Köln oder Hamburg kläglich versuchte, wie die dortigen Einheimischen zu reden, um nur nicht als provinziell aufzufallen. Heute weiß ich, welch großer Trottel ich seinerzeit wirklich war.

Unsere Dialekte und all ihre sprachlichen, phonologischen, morphologischen und lexikalischen Begleiterscheinungen stellen einen unermesslichen kulturellen Schatz dar, der jedoch nach und nach immer mehr in Vergessenheit gerät. »Beim Dialekt fängt die gesprochene Sprache an«, wusste schon Goethe – und traf damit den Nagel auf den Kopf. Schließlich waren die verschiedenen regionalen Dialekte im germanischen Sprachraum schon vor eineinhalb Jahrtausenden vorhanden: Die Stämme der Alemannen, Bajuwaren, Franken, Friesen, Sachsen und Thüringer besaßen eigene Stammessprachen, die sich stark voneinander unterschieden – mit jeweils eigenen Regeln, eigenen Lauten und eigenen grammatikalischen Systemen. Man verstand sich untereinander nicht, aber das war kein Problem. Erstens hatte man wenig gemeinsame Anknüpfungspunkte. Und zweitens konnte sich auch deshalb eine derart große kulturelle Vielfalt überhaupt erst entwickeln. Die Mundarten waren der Ursprung und die Wurzeln unserer Sprache und damit unserer Kultur.

Auch nachdem sich ein einheitliches Deutsch auf der Basis vor allem pfälzischer und sächsischer Dialekte zunächst als Schriftsprache und später auch in der gesprochenen Form durchsetzte, gab man von Generation zu Generation zumindest jene linguistischen Eigenheiten weiter, die einen Südbayern von einem Oberfranken und einen Oberfranken von einem Südhessen unterschieden. Heute aber geraten die Dialekte immer weiter in Vergessenheit. Laut einer Umfrage des Allensbach-Instituts sprachen 1991 noch 28 Prozent der West- und 41 Prozent der Ostdeutschen immer oder zumindest fast immer Dialekt. Knapp

zwei Jahrzehnte später sanken diese Werte auf 24 beziehungsweise 33 Prozent. Laut UNESCO sind aktuell derzeit dreizehn unserer sechsundzwanzig Regionalsprachen vom Aussterben bedroht. Ernsthaft ums Überleben fürchten müssen wir etwa beim Nord- und beim Ostfriesischen, das in seiner Reinform nur noch von tausend Menschen gesprochen wird. Auch Sorbisch wird es in einigen Jahrzehnten, wenn die letzten der nicht einmal mehr zwanzigtausend vorwiegend älteren Sprecher gestorben sind, vermutlich nicht mehr geben. Und selbst in großen Teilen Bayerns übernimmt die jüngste Altersgruppe heute nicht mehr die Dialekte ihrer Eltern, weshalb auch Bairisch im jüngsten Sprachatlas der Weltbildungsorganisation erstmals als »gefährdet« eingestuft wurde – kein Wunder angesichts dessen, dass nur noch 1,2 Prozent aller Münchner Gymnasiasten und 2,6 Prozent aller Hauptschüler Mundart sprechen, wie der Dialektforscher Bernhard Stör herausfand. Übrig bleiben werden am Ende nur noch regionale Färbungen, die mit der ursprünglichen Mundart an sich fast nichts mehr gemein haben. Und damit verschwinden eines nicht mehr allzu fernen Tages auch so wundervolle Ausdrücke wie »Herrgottsbscheißerle« (schwäbisch für gefüllte Teigtasche), »Knallkööm« (plattdeutsch für Schaumwein), »Herrndeggl« (hessisch für Schädel), »Goggahahnaneschdla« (altbayerisch für Osternest), »Ärbernbabbe« (sächsisch für Kartoffelbrei) »Raadschkaddl« (fränkisch für geschwätzige Person), »Schieleisen« (berlinerisch für Brille), »Gorgelknopp« (pfälzisch für Adamsapfel), »Klävbotz« (kölnisch für Sitzenbleiber) oder »Scheesewähnsche« (saarländisch für Kinderwagen) auf Nimmerwiederhören.
Es ist schon kurios: Während wir immer mehr Fremdsprachen beherrschten, verlernten wir, uns so auszudrücken wie unsere Vorfahren. Verständigte sich jemand ab den späten Achtziger- und frühen Neunzigerjahren noch im Dialekt, wurde ihm plötzlich ein niedriges Bildungsniveau beschieden. Stattdessen sollten wir Hochdeutsch und Fremdsprachen lernen, um in der modernen Welt bestehen zu können. Der Globalisierung sei Dank verstehen und sprechen heute über

die Hälfte von uns Englisch, rund ein Drittel Französisch und immer mehr auch Sprachen wie Spanisch, Arabisch und Chinesisch. Nur die tatsächlichen Deutschkenntnisse nahmen währenddessen immer weiter ab – und mit ihnen erst recht die Kenntnisse jener Eigenheiten, die unsere Sprache und ihre Sprecher so einzigartig machten. Wer meint, das dies nicht weiter beklagenswert sei, der stört sich vermutlich auch nicht daran, dass das Verb »canceln« inzwischen den deutschen Begriff »absagen« nahezu vollständig abgelöst hat, Menschen unter sechzehn Jahren nicht wissen, dass es für den »Job« auch ein paar deutsche Synonyme gibt und man einen »Coffee to go« durchaus auch in unserer Landessprache bestellen kann.

Dabei macht der stete Wechsel zwischen dem Dialekt und der Hochsprache nachweislich schlau: Es verbessern sich dadurch die Gehirnleistung und erstaunlicherweise die Noten in den Naturwissenschaften, ergab jedenfalls die viel beachtete PISA-Studie vor einigen Jahren. Ich jedenfalls gewöhnte mir längst wieder ab, mich für meinen Dialekt zu schämen – nicht weil ich glaubte, dadurch schlauer zu werden, sondern weil es für ein sprachliches Schamgefühl keinerlei Grund gab. Und so streue ich inzwischen wieder mit Freuden das unübersetzbare »fei« in meine Sätze ein, bezeichne Kartoffelpuffer ausschließlich als »Baggers« sowie einen Krug Bier als »Seidla«, habe keine Lust, mich vor lauter Eile ständig zu »derhudzn« und rufe aus voller Überzeugung »Allmächd«, wenn mich etwas überrascht. Dabei bin ich mir ziemlich sicher, dass Frau Hirschmann stolz auf mich wäre. Ich habe ihr, dessen bin ich mir mittlerweile sehr sicher, damals wirklich Unrecht getan, dieser alten Raadschkaddl.

Weil Hipster ihre Haare lieber im Barbershop schneiden ließen

In den Siebziger- und Achtzigerjahren war das Tragen eines Vollbarts schon einmal mit einer bestimmten Lebenseinstellung verbunden. Wer seinerzeit dergestalt aussah, war der landläufigen Meinung nach entweder Gammler, Kommunist, Hausbesetzer, Umweltspinner oder alles zusammen. Als mit Ausnahme meines Schnauzer tragenden Vetters nur von glattrasierten Männern umgebenes Kind kannte ich nur einen Vollbärtigen persönlich: Malte, den Verlobten meiner Cousine. Er war konfessionslos, Tierschützer, passives Mitglied bei Grünen und ÖDP sowie Berufsmusiker als Bratschist – eine Kombination, die meinem Onkel und meiner Tante erheblich missfiel, was auf ihre Tochter allerdings keinerlei abschreckende Wirkung hatte. Ich hingegen fand Malte sehr nett: Er besaß neben geschätzt bestimmt tausend Schallplatten und ebenso vielen Büchern ein halbes Dutzend unterschiedlicher Tiere vom Papagei bis zum Mischlingshund, die er allesamt aus dem Heim geholt hatte. Er kümmerte sich außerdem um wichtige ökologische Belange wie das Waldsterben oder die Sauberkeit der Flüsse. Und er war ein gewandter Redner mit einer angenehmen Stimme, der auf vielen Veranstaltungen in Hörsälen oder Jugendzentren auftrat. Dort versuchte er, junge Menschen von seiner Vision einer friedlichen Welt ohne Atomkraft und Treibhausgase zu überzeugen. Er tat das mit so klugen wie einfachen Worten, dass seine Argumente sogar mir als Zehnjährigem absolut nachvollziehbar erschienen. Der vollbärtige Malte, der gerne Latzhosen trug und stets nach Bogenharz roch, war das Gegenteil eines Wichtigtuers.

Ganz anders wirkten auf mich jene zwei Vollbartträger, die neulich in der Kneipe am Nebentisch saßen. Sie sprachen sehr laut miteinander, weshalb ich unfreiwillig mitbekam, worüber sie sich unterhielten. Genauer gesagt hörte ich es lediglich – verstanden habe ich es jedoch nicht wirklich, denn die beiden spickten ihre Sätze mit kruden Begriffen, die wahrscheinlich irgendwie cool klingen und den Status der Herrschaften als selbst ernannte Trendsetter unterstreichen sollten. Zum Beispiel sprachen sie davon, wo »in der City die angesagtesten Shops für Vintage Fashion« existierten und dass »Nike jetzt einen Sneaker in einer Limited Edition« auf den Markt gebracht habe, den man unbedingt kaufen müsse, danach aber unter keinen Umständen tragen dürfe. Sie plauderten über tolle Fahrräder ohne Gangschaltung namens »Fixie Bikes«, die es in einem soeben eröffneten »Pop-Up-Store« ganz in der Nähe zu kaufen gebe. Und sie tauschten sich darüber aus, welcher »Barbershop« in der Gegend wohl »den stylishsten Cut« anbiete.

Offenkundig zählten die zwei zur Gattung der »Hipster«, von der man in den letzten Jahren immer wieder auf den Gesellschafts-Seiten der Zeitungen und Magazine las. Ursprünglich war dieses soziologische Phänomen eine Subkultur, die sich Mitte des vergangenen Jahrhunderts in den USA formiert hatte. Damals schlossen sich hauptsächlich in New York einige handverlesene Intellektuelle zu einer Bewegung zusammen, die, basierend auf avantgardistischer Jazz-Musik und modernen Künsten, einen eigenen Lebensstil entwickelte. Die neuen »Hipster« aber, die sich von ehedem verwahrlosten und später modernisierten und teuer gewordenen Wohngegenden in Berlin und Hamburg aus in sämtliche deutschen Großstädte verbreiteten, imitierten diese Subkultur nur. Das Seltsame daran war, dass sie dabei allesamt besonders individuell und außergewöhnlich sein wollten. Trotzdem zogen sie sich genauso an, wie das Klischee es von ihnen verlangte und die Anschauungsexemplare auf den Beispielfotos in den Berichten aussahen: Sie trugen grob karierte Holzfällerhemden, altmodische Hosenträger, dicke Hornbrillen, uniforme Frisuren und eben akkurat gestutzte Vollbärte.

Nun ist es für unsere Sprache natürlich von äußerst geringer Bedeutung, wenn man zu seiner immer etwas zu eng sitzenden Cordhose gerne einen farblich dazu passenden Jutebeutel trägt. Und auch die englischen Modevokabeln, die von solchen Leuten immer wieder in ihre Ausdrucksweise eingestreut wurden, erschreckten mich nicht mehr – wenngleich ich beim besten Willen nicht verstand, warum etwa sowohl das liebevolle Bepflanzen kleiner Balkonbeete als auch die gärtnerische Nutzung städtischer Flächen in solchen Kreisen als »Urban Gardening« bezeichnet werden musste – wiewohl auch alles anderweitig Mögliche unbedingt »Urban« zu sein hatte – der Kleidungsstil, die Essgewohnheiten, das Einkaufsverhalten und so weiter. Man betonte damit doch nur, sich möglichst »städtisch« verhalten zu wollen, was beim Leben in einer Stadt ohnehin kaum zu vermeiden war. Deshalb sagten die jungen Herren nebenan vermutlich auch zu allen Orten, an denen sie sich aufhielten, das sei der »Place to be«. Aber sei's drum. Der Begriff »Barbershop« indessen ließ mich dann doch aufhorchen. Tatsächlich hatte ich in den vergangenen ein, zwei Jahren eine erstaunliche Entwicklung hinsichtlich der (Um-)Benennung von Frisörgeschäften bemerkt, die unmittelbar mit der zunehmenden Hipsterisierung unserer Zeit zusammenzuhängen schien.

Dabei schienen Frisöre schon lange anfällig für absurde Begrifflichkeiten. Als ich ein Kind war, schleppte mich meine Mutter alle vier bis sechs Wochen, wenn meine Haare zu lang geworden waren und tief in die Stirn hineinhingen, zu Herrn Steinecker. An dem von ihm und seiner Ehefrau geführten, winzigkleinen Laden hing ein Schild mit einem ausgeblichenen »Wella«-Logo sowie der Aufschrift »Frisör H. & F. Steinecker«. Das »H.« stand für Helmut, das »F.« für Franziska – und niemand machte sich darüber Gedanken, ob das womöglich ein langweiliger und uninspirierter Name für eine solche Einrichtung war. Die alte Betitelung hatte erst ausgedient, als der Sohn von Herrn und Frau Steinecker das elterliche Geschäft übernahm. Von da an hieß es »Salon Chic«, was wahrscheinlich weltläufig und international klingen sollte, obwohl sich mit ziemlicher Sicherheit niemals ein Kunde dorthin verirrte, der nicht aus unserem Viertel stammte. Aber auch das war selbstverständlich nicht weiter von Belang: Viele Frisöre waren damals »Salons«, obwohl die oft engen und stickigen Räume eher weniger nach »großem Saal« wirkten, was das französische Wort an sich bedeutete. Und auch die Tatsache, dass ein Frisör in Frankreich weder Frisör noch Friseur, sondern stattdessen Coiffeur hieß, war allenfalls kurios, aber sicher keine sprachliche Bedrohung.

In den folgenden Jahren allerdings tat sich in Sachen Frisörnamen Grauenerregendes: Überall erfanden findige Meister im wahrsten Sinne des Wortes haarsträubende Begriffe für ihr Handwerk und druckten diese in großen, bunten Buchstaben auf ihre Fenster oder die Hausfassade. Zunächst hielten auch auf diesem Geschäftsfeld die Anglizismen Einzug – und Filialisten wie »Hair Company«, »Mod's Hair«, »Happy Hairy People« oder »Super Cut« verdrängten manch alteingesessenen Traditionsbetrieb. Dann, etwa ab der Jahrtausendwende, begannen die Wortspiele, die oftmals eher schmerz- denn scherzhaft waren. Selbst biedere Vorstadtfrisöre hießen nun »Haarscharf«, »Haarmonie«, »Haarlekin« oder »Haargenau«, manche nannten sich »Haireinspaziert«, »Vorhair – Nachhair«, es gab den »Hairport«, die »Vier Haareszeiten«, den »Hairgott«, die »PhilHaarMonie« oder die »Haarspalterei«. Manche einstigen Salons nannten sich »Kamm in« oder »Wellkamm«, andere waren zur »Hauptsache« geworden, zum »Kopfsalat«, zum »Kaiserschnitt« oder zum »Struwwelpeter«.

Warum gerade dieser Berufszweig wortspielerisch dermaßen eskalierte, blieb mir immer ein einziges, großes Rätsel. Vermutlich war die Konkurrenz irgendwann so groß geworden, dass die Wettbewerber glaubten, sich nur durch besonders auffällige Bezeichnungen von den anderen Frisören abgrenzen zu können. Und nun kam zu all den ohnehin schon bestehenden sprachlichen Verwerfungen dank der neuen Hipster und ihrer soziokulturellen Amerikahörigkeit auch noch ein »Barbershop« nach dem anderen dazu.

Mit der englischen Adaption des alten und vom Französischen »la barbe« für Bart abgeleiteten Begriffs »Barbier« schien sich auf jeden Fall ein gutes Geschäft machen zu lassen – und zwar mit all jenen, die sich in stilistischer Hinsicht ebenfalls nostalgischer Elemente bedienten und vor lauter Retro-Style in ihrem Umfeld gar nicht bemerkten, wie anbiedernd neumodisch sie in Wirklichkeit waren. Selbstredend, dass man im meist mit lauter altem Krempel vollgestellten »Barbershop« keinen schlichten Haarschnitt mehr erhielt.

Wer es an den Seiten kurz und oben lang haben wollte, verlangte nun einen »Undercut«. Der lange als Spießerfrisur verpönte und glatt gestrichene Seitenscheitel kam als »Sleek Look« viel unangepasster daher. Die unsägliche Topffrisur, die ich schon als Kleinkind abgrundtief hasste, erhielt mit dem Namen »Bold Cut« einen geradezu progressiven Charakter. Der gute, alte Mecki kehrte als »Spiky Hair« zurück. Und kurze Stoppeln nannte man jetzt »Clipper«. Auch die Rasur fiel der neuen englischen Herrlichkeit zum Opfer: Der Bart wurde folglich allerorten zum »Beard« und nicht mehr gestutzt, sondern wahlweise »geshaved«, »getrimmt« oder »gegroomt«. Es darf als gesichert gelten, dass keine einzige »Price List« eines deutschen Barbershops ohne Anglizismen auskam – vermutlich aus der schieren Angst heraus, die vielen Hipster mit ihrem entsprechenden Look würden ansonsten dem Laden fernbleiben.

Der sich überall in Gemeinden mit über hunderttausend Einwohnern handstreichartig ausbreitende »Barbershop« war eines der bezeichnendsten Beispiele, wie vollkommen unspektakuläre Angelegenheiten wie das Haareschneiden durch eine schiere sprachliche Gaukelei plus einiger dekorativer Elemente wie Frakturschrift, antike Spiegel oder ausgemusterte Autoteile plötzlich so gefragt waren, dass viele Menschen bereit waren, das Doppelte oder Dreifache für dieselbe Leistung zu bezahlen. Das, was jene neuartigen »Barbers« mit ihren Scheren und Maschinen zustande brachten, hätte mein Herr Steinecker ebenfalls problemlos hinbekommen. Er hätte es nur anders genannt.

Malte indes ging meines Wissens zur Pflege seines Vollbarts seinerzeit gar nicht zum Frisör. Dafür besaß er kaum das Geld. Stattdessen ließ er sich die Haare wachsen und schnitt sich seinen Bart mit einer alten Nagelschere zurecht, und auch wenn er gelegentlich etwas arg wild damit aussah, reichte es, um meine Cousine einige Jahre glücklich zu machen. Dass die Beziehung irgendwann doch in die Brüche ging, hatte auf jeden Fall nichts mit seinem Aussehen im Allgemeinen zu tun und schon gar nicht mit seinem Bart im Besonderen. Sondern eher damit, dass er immer weniger Zeit für sie hatte. Neben seinem Beruf als Musiker begann er ein anstrengendes Studium, für das er in seinen wenigen freien Stunden wie besessen lernte. Er wollte sich nicht mehr nur als Musiker und Lebenskünstler verdingen, sondern junge Menschen erreichen, am besten mit der Kraft des Wortes. Als er die Universität mit einem ausgezeichneten Abschluss verlassen hatte, schnitt er sich den Bart ab, legte die Bratsche beiseite – und wurde Deutschlehrer. Wie ich hörte, ein sehr guter.

Weil wir die Briefe nicht aufhoben, die wir bekamen

Der graue, bierkastengroße Karton stand schon immer im Keller meines Elternhauses. Ich wusste lange nicht, was sich darin befand und schenkte dem Ding keine weitere Beachtung. Es war eben eine Kiste unter vielen, die dort unten gelagert war, aber eines Tages öffnete ich sie dann doch und fand darin jede Menge handgeschriebener Briefe; vielleicht drei- oder vierhundert Stück. Ich konnte die Schrift kaum lesen, teilweise war das Papier vergilbt oder die Tinte verlaufen. Aber aus dem, was ich entziffern konnte, ergab sich, dass es sich um Briefe meines Großvaters mütterlicherseits handelte. Er war nach 1945 in Kriegsgefangenschaft geraten, aus der er nicht mehr zurückkehrte. Meine Mutter war ein paar Jahre zuvor mitten im Krieg geboren worden und praktisch vaterlos aufgewachsen, und bis auf zwei oder drei Fotos, eine goldene Taschenuhr und eben diese Kiste mit Briefen war ihr von ihm nichts geblieben.

Ich wusste natürlich nicht, welche Bedeutung die Briefe für meine Mutter hatten, also fragte ich danach. Sie erzählte mir, dass sie immer wieder darin las, wenn sie an ihre Kindheit dachte. So fügte sich im Laufe der Zeit ein Bild zusammen, das zumindest ausschnittweise zeigte, was für ein Mensch ihr Vater gewesen war. Ein Teil der Briefe stammte noch aus der Zeit, bevor sie auf die Welt kam. Darin schwärmte mein Großvater geradezu elogisch von meiner Großmutter. Er machte ihr Komplimente, teilte mit, wie glücklich er mit ihr war und schmiedete viele Pläne für die Zukunft. Er träumte von Reisen an die Nordsee, von mindestens sieben Kindern und einem eigenen Haus mit Garten. Manche Briefe enthielten Liebesgedichte, andere die banale Geschichte eines anstrengenden Arbeitstages – mein Großvater war Schichtarbeiter und kam oft so spät nach Hause, dass seine Frau bereits schlief. Dann setzte er sich an den Küchentisch, goss sich ein Bier ein und schrieb.

Die späteren Briefe trugen den Stempel »Feldpost«. Sie waren kürzer gehalten als die vorherigen und in keinem guten Zustand. Er sprach darin nicht vom Krieg, von Schützengräben, Granateneinschlägen und der Kälte. Stattdessen verbreitete er Zuversicht und versuchte, mit seinen Worten die Sorgen zu zerstreuen, die sich seine Frau um ihren Mann machte, der inzwischen Vater ihrer beiden kleinen Töchter war und gerade irgendwo an der Ostfront für Führer, Volk und Vaterland kämpfte. Ein paar Briefe schließlich stammten dem Stempel nach von 1947. Da war mein Großvater bereits ein Jahr tot. Er hatte sie aus der Gefangenschaft geschrieben, aber die Russen hatten sie zurückgehalten und erst viel später nach Deutschland geschickt. In dieser unscheinbaren grauen Kiste, daran bestand nun kein Zweifel mehr, befand sich ein riesengroßer Schatz aus unzähligen Worten – nämlich die Gedanken und Gefühle eines Menschen, den seine Kinder nie kennenlernen durften.

Ich begriff, wie wichtig dieser Schatz für meine Mutter war. Durch diese Briefe erfuhr sie, wie fürsorglich, liebevoll und gutmütig ihr Vater tatsächlich gewesen ist. Das war ihr, so erzählte sie es mir, ein großer Trost und auch jetzt noch, siebzig Jahre später, eine schöne Erinnerung. In diesem Augenblick dachte ich darüber nach, welche Schriftstücke ich eigentlich aufbewahrt hatte. Es waren nicht viele. Dabei hatte auch ich durchaus eine Menge Post bekommen; früher, als es noch kein Mobiltelefon und keine E-Mails gab: Ich besaß im Laufe meiner Jugend sicherlich dutzendweise Liebesbriefe, die mir meine ersten Freundinnen geschrieben hatten und auf denen Herzchen, Blümchen und Bärchen klebten – und die ich manchmal wütend und enttäuscht verbrannte, wenn mir ein Mädchen das Herz gebrochen hatte.

Zu meinen Geburtstagen erhielt ich Grußkarten von meinen Eltern, Paten und Freunden, in denen sie mir Glück wünschten und Zuversicht für die kommenden Aufgaben. Eine Zeitlang schrieb mir meine Grundschullehrerin Frau Baumgart, weil sie wissen wollte, wie es mir am Gymnasium erging. Mit fünfzehn, sechzehn unterhielt ich eine mehrjährige Brieffreundschaft mit einem italienischen Jungen, den ich im Südtirol-Urlaub kennengelernt hatte und der mit mir seine Leidenschaft für den Fußball teilte. Und als ich zur Zeitung wechselte, gratulierte mir sogar der Oberbürgermeister, handschriftlich auf zwei Seiten. Es war alles weg.

Ich ärgerte mich sehr darüber, denn auch ich hatte einst zwei Kisten besessen, in denen ich meine Briefe aufbewahrte, ohne dass diese kleinen Behältnisse mich je gestört hätten. Aber nach meinem Auszug von zu Hause in meine erste eigene Wohnung hatte ich kaum noch Platz zur Verfügung, um derlei Kram unterzubringen. Also räumte ich mein Kinderzimmer aus und entsorgte den ersten Karton. Bei meinem zweiten Umzug in eine andere Stadt fehlte mir schlicht der Nerv, etwaige Erinnerungsstücke mitzunehmen, deshalb warf ich auch die zweite Kiste fort. Und beim dritten Umzug landete auch noch alles andere, was ich in dieser Hinsicht fand, in der Tonne, weil ich mir einbildete, einen Schlussstrich ziehen zu müssen und ein neues Leben beginnen zu wollen. Nun aber fühlte ich mich schlecht, denn diejenigen, die mir damals schrieben, hatten sich ja sehr viel Mühe gegeben. Sie hatten sich hingesetzt, ein Blatt und einen Stift genommen, über ihre Worte nachgedacht, vielleicht sogar Sätze vorformuliert. Und ich nahm all das und warf es fort. Mir war, als hätte ich einen Teil meiner Vergangenheit in den Müll geschmissen.

Außerdem musste ich mir eingestehen, dass auch ich schon lange keine Briefe mehr schrieb. Mal eine Postkarte aus dem Sommerurlaub und zu Weihnachten eine kurze Botschaft auf dem Geschenkkärtchen, das war alles, was ich heute noch mit der Hand verfasste. Mit meiner Frau und überhaupt allen anderen Menschen tauschte ich mich vorwiegend per SMS aus, wenn wir uns mal nicht sahen oder sprachen. Natürlich übermittelten wir uns dabei gelegentlich gegenseitig unsere Gefühle und fügten ein lachendes oder weinendes gelbes Gesicht hinzu. Dazwischen aber tummelten sich Unmengen an Belanglosigkeiten, die man eben so heruntertippte, wenn einem langweilig war oder man sich für den Moment einsam fühlte. Ich stellte erschrocken fest, dass meine gesamte Korrespondenz der vergangenen Jahre in meinem Telefon steckte, in Tausenden Sprechblasen, die teilweise nur ein Wort enthielten oder eines dieser doofen Kürzel.

Ausgeschlossen, dass mit SMS und WhatsApp-Nachrichten, mit Mails und Facebook-Posts ebenso nachhaltig Weltgeschichte geschrieben worden wäre wie mit all den Briefen, die seit der Erfindung der Papyrusrolle im Alten Ägypten angefertigt wurden. Ein Brief war nicht nur ein Stück Papier, er war oft auch ein historisches Dokument. Die Paulusbriefe von vor knapp zweitausend Jahren sind die ältesten noch erhaltenen Schriften des Christentums. Briefwechsel zwischen verfeindeten Feldherren und Königen, zwischen verbündeten Befehlshabern und Landesfürsten entfesselten und beendeten Kriege. Briefeschreiber war der angesehenste Beruf vor ein paar Hundert Jahren, als nur wenige Leute schreiben konnten, es aber immer wichtiger wurde, Wissen und Neuigkeiten weiterzugeben. Voltaire schrieb an Friedrich den Großen, Goethe an Schiller, und Gandhi appellierte im Jahr 1939 per Brief an Adolf Hitler, sich dem Frieden zuzuwenden, wenn auch ohne Erfolg. Das alles wissen wir, weil der Brief etwas ist, das bleibt: Selbst das billigste Papier überdauert mehr als hundert Jahre, wenn es keine Säure enthält und man es nicht der Sonne aussetzt; man kann es archivieren und mit heutigen Methoden so konservieren, dass noch die kommenden Generationen lesen können, was darauf geschrieben steht. Wie lange unsere heutigen Speichermedien alle Daten aufbewahren, wissen wir indes noch gar nicht. Eine Festplatte kann unter Umständen schon nach fünf oder zehn Jahren im Dauerbetrieb vollkommen zerstört sein, ein USB-Stick ist laut Elektronikexperten nach spätestens dreißig Jahren unbrauchbar. Und wenn mir mein Mobiltelefon in einem unachtsamen Moment in den Gully fällt, sind auch meine gesamten Nachrichten für immer und ewig verloren. Einem deutschen Bundeskanzler kann so etwas zwar nicht passieren: Zumindest jene SMS, die für Verwaltungsvorgänge von Bedeutung sind, müssen aus rechtlichen Gründen dreißig Jahre lang aufbewahrt werden. Trotzdem scheint es undenkbar, dass eines fernen Tages im Bonner »Haus der Geschichte« der Kurznachrichtenverlauf von Angela Merkel ausgestellt wird.

Obwohl selbst das inzwischen tatsächlich problemlos möglich wäre: Einige Online-Druckereien bieten seit Neuestem an, einen gesamten SMS- oder WhatsApp-Verlauf als echtes Buch zu drucken. Auch wenn solche Werke angesichts der Datenmengen, die wir uns gegenseitig jeden Tag hin- und hersenden, bisweilen stattliche Umfänge annehmen dürften, verschickt und empfängt doch jeder Deutsche ab fünfzehn Jahren statistisch gesehen mittlerweile über zehn solcher Botschaften täglich, über siebenhundert Millionen Stück sind es insgesamt: Da die meisten Nachrichten ohnehin nur aus einem lapidaren »Ok« sowie anderen Kürzeln oder auch nur einer Abfolge sogenannter Emoticons bestehen, dürften diese digitalen Briefwechsel auch in gedruckter Form sicher nicht besonders lesenswert sein.

Meiner Mutter hat die besagte Kiste zweifellos sehr geholfen, über manch schwierigen Moment hinwegzukommen – denn das, was ihr Vater in seinen Briefen schrieb, kam aus seinem tiefsten Inneren. Auch das vermag Sprache manchmal zu leisten: einen Menschen für einen Augenblick wieder lebendig werden zu lassen, vielleicht sogar lebendiger als es durch jede Bild- oder Filmaufnahme möglich wäre. In diesem Sinne habe ich mir geschworen, meinem eigenen Sohn ebenfalls eine Kiste zu hinterlassen. Natürlich hoffe ich, dass ich ihn noch sehr lange begleiten werde, aber man kann ja nie wissen. Den ersten Brief jedenfalls habe ich schon hineingelegt.

Weil sogar
Capri-Sonne
umbenannt wurde

Ehrlich gesagt mochte ich das Zeug nie. Nicht, weil es mir nicht geschmeckt hätte: Dieses Getränk war so süß und klebrig, dass es wahrscheinlich jedem Kind im Alter von neun, zehn oder elf Jahren schmeckte. Ich fand vielmehr die Verpackung unpraktisch, und oft genug stach ich mit dem beigefügten Strohhalm neben das vorgestanzte Loch im Alu-Beutel – mit der Folge, dass mir der komplette Inhalt einer einer Tüte »Capri-Sonne« über die Hände lief. Deswegen griff ich, wenn meine Mutter mal beide Augen zudrückte und mir keinen ungesüßten Tee vorsetzte, lieber zum praktischeren »Sunkist«. Das wiederum sprachen wir so aus, wie man es schrieb: mit einem langgezogenen »u« und »kist« wie Kiste. Erst viel später wurde mir klar, dass das eigentlich ein englischer Name war, der bedeuten sollte, dass der Hersteller für sein Erzeugnis Früchte verwendete, die von der Sonne geküsst wurden. »Sun-kissed« eben, woraus dann die amerikanische Marke »Sunkist« entstand, die weltweit unter derselben Bezeichnung verkauft wurde. Bei Capri-Sonne aber war das anders. Sie stammte aus einem kleinen

Dorf bei Heidelberg, war ein urdeutsches Produkt und wurde berühmt, weil sogar der nachweislich nicht deutschsprachige Boxweltmeister Muhammad Ali dafür mit dem Sprüchlein warb: »Capri-Sonne ist wie ich das Größte.« Das war mal eine selbstbewusste Ansage.

Fünfzig Jahre nach der Markteinführung 1967 schien das lokalpatriotische Selbstbewusstsein des Produzenten dagegen deutlich abgenommen zu haben. Zumindest entschieden sich die SiSi-Werke im Frühjahr 2017, ihre »Capri-Sonne« umzubenennen. »Capri-Sun« sollte sie nun heißen, das klinge internationaler und erleichtere die globale Vermarktung, hieß es zur Begründung, und den folgerichtigen Werbespruch gab es gleich mit dazu. Er lautete: »The Taste of Fun«, was sich zwar auf »Sun« reimte, dennoch aber nur bedingt lustig war. »Verbraucher sind weltweit unterwegs, Sprachbarrieren schwinden, Kommunikation geht über Grenzen hinweg«, sagte dagegen eine Firmensprecherin stolz und mit ein wenig Pathos in der Stimme – und meinte damit, dass ein im schwäbischen Eppelheim abgefülltes Fruchtsaft-Wasser-Gemisch mit zehn Gramm Zucker auf 100 Milliliter nun, nach einem halben Jahrhundert, endlich auch neben einer italienischen Kalksteininsel den heute in der Marketingsprache offenbar obligatorischen Anglizismus im Titel tragen musste.

Derlei Argumente hatte man schon öfter gehört – dass in einer globalisierten Welt, in der in chinesischen Supermärkten deutsche Wurst neben amerikanischer Erdnussbutter und französischem Käse in den Regalen steht, auch sprachlich alles einander angeglichen werden müsse. Aber auch in diesem Fall waren diese Erklärungen nur vorgeschoben: »Capri-Sonne« etwa wurde inzwischen in vierundzwanzig Ländern produziert, und weil natürlich nicht alle Aluminiumhüllen weltweit aus dem Rhein-Neckar-Kreis stammten, wäre es problemlos möglich gewesen, für den deutschsprachigen Markt den gewohnten deutschen Namen aufrechtzuerhalten. Coca-Cola warb wohl kaum deshalb mit dem Spruch »Taste the Feeling« in Deutschland, um etwaige Synergieeffekte bei den Weißblech- oder Glasverpackungen zu erzielen. Und

Lindt schrieb »Nice to sweet you« nicht aus dem Grund auf seine Schokolade, um uns Verbraucher bloß nicht zu verunsichern, wenn wir plötzlich die liebgewonnenen Süßigkeiten von daheim in einem anderen Teil der Erde mit einer fremdsprachigen Werbebotschaft bemerkten. Die Unternehmen taten dies deshalb, um sich und ihre Gebrauchsgüter wichtigzumachen – und uns Käufer gehörig zu veräppeln!

Vorreiter dieser grenzübergreifenden sprachlichen Gleichschaltung von Produkten war ein aus Karamell, Kakao und Keks bestehender Doppelriegel, der bis 1991 in Deutschland unter dem Namen »Raider« verkauft wurde. Der Einwand, auch dieser Begriff sei nichts anderes als ein lupenreiner Anglizismus gewesen, der übersetzt unpassenderweise »Plünderer«, »Räuber« oder »Einbrecher« bedeutete, lässt sich entkräften: Tatsächlich nannte sich die stets paarweise verpackte Näscherei in England, den USA und anderen Ländern schon seit seiner Markteinführung in den sechziger Jahren »Twix« – ein Schachtelwort aus den Substantiven »Twins« und »Sticks«, also »Zwillingsriegel«. Weil es aber einmal eine Zeit gab, in denen selbst internationale Großkonzerne wie der amerikanische Lebensmittelgigant und »Twix«-Produzent Mars Inc. ihre Produkte speziell für den ökonomisch äußerst wichtigen deutschen Markt benannten, war »Raider« zwar ein Kunstbegriff – aber zumindest einer, der deutsch klingen sollte und somit nur für die Kundschaft hier gedacht war. Die englische Bedeutung fiel den Verantwortlichen entweder nicht weiter auf – oder sie war ihnen für Deutschland egal. »Raider« sprach man bis zu seinem Verschwinden auf jeden Fall auch in der Werbung so aus, wie man es schrieb – und nicht, wie es ein englischer Muttersprachler getan hätte. Nun war der Verlust eines Phantasiewortes aus der Werbesprache sicher problemlos zu verschmerzen. Die Entwicklung, dass im weltweiten Handel alles immer beliebiger und austauschbarer wurde, war jedoch damit ein für alle Mal auch hierzulande losgetreten.

In genau jener Zeit eroberten die sogenannten »Light«-Produkte unseren Einzelhandel. Vom Joghurt über Erfrischungsgetränke bis zur

Schlagsahne oder Butter erhielten die Ausführungen mit weniger Fett, Zucker oder Kalorien diesen neuen, schicken Zusatz. Dass all die »Light«-Varianten wiederum von keinem englischsprachigen Verbraucher als vermeintlich gesündere Lebensmittelalternativen identifiziert worden wären, darf aus sprachlicher Sicht durchaus seltsam anmuten: In ihrer vokabularischen Heimat bekamen nahezu alle »Light«-Ausführungen nämlich stattdessen den Anhang »Diet«. Der Begriff »Diät« aber hörte sich für den Verkaufsprofi im deutschen Sprachraum vermutlich zu gesund an – und nicht leicht genug.

Wie auch immer: Als Nächstes machte die Imbisskette McDonald's ihrer beliebten »Juniortüte« den Garaus. Die war ohnehin eines der wenigen Produkte im gesamten Sortiment, das einen deutschen Namen trug. Ende der Neunzigerjahre aber wurde sie durch den internationalen Begriff »Happy Meal« ersetzt, und auch der typisch deutsche Umlaut im »Big Mäc« musste der englischen Schreibweise »Mac« weichen. Heute ist eine McDonald's-Speisekarte in Berlin, Hamburg oder München fast deckungsgleich mit dem »Menu« in den USA, von den Pommes Frites einmal abgesehen, die dort bekanntermaßen »French Fries« heißen. Nur die Apfeltasche ist im Sprachwust zwischen all den »Mc Wraps«, »Chicken Boxes«, »Big Salads«, »Mc Flurrys« oder »Filet-o-Fishs« bei ihren begrifflichen Wurzeln geblieben. Aber selbst das biedere Rührei zum Frühstück darf mittlerweile auf keinen Fall mehr Speck als weitere Zutat haben, sondern nur noch »Bacon«.

Kurz nach der Einführung des »Happy Meal« entschied sich das Traditionsunternehmen »Bahlsen« mit Firmensitz in Hannover, seine für herzhafte Produkte zuständige Konzernsparte in »Lorenz Snack-World« umzubenennen, was sprachlich bereits Schlimmes erahnen ließ. Und genauso kam es dann auch: Die schon 1935 in Deutschland eingeführten »Salzletten« wurden prompt in »Saltletts Classic« umgewidmet und als solche seitdem weltweit vermarktet. Auch die Ablegerprodukte »Sepp« und »Brezies« fielen der Internationalisierung auf dem Knabbersektor zum Opfer und firmieren seitdem unter »Saltletts Maxi Sticks« und »Saltletts Mini Brezel«.

Auch anhand solcher auf den ersten Blick vielleicht nichtiger Beispiele aus der Wirtschaft und dem Handel sieht man, in welche Richtung wir uns sprachlich seit geraumer Zeit insgesamt entwickeln. Wir wundern uns schon gar nicht mehr, dass ganze Regalmeter in unseren Einkaufsmärkten vollgestellt sind mit Artikeln, die ausschließlich englische Produktbezeichnungen tragen – von Frühstücksflocken namens »Fruit Loops« und »Multi Grain Rice Krispies«, Brotaufstrichen in den Geschmacksrichtungen »Indian Curry« oder »Sweet Thai Chili«, über Getränke mit »Zero Sugar«, »Extra Energy Boosts« und »Green Tea«-Aromen bis hin zu Reinigern, die als »Power-Gels« und »Power-Tabs« mit »Total Ocean«- oder »Lemon Wave«-Duft daherkommen und Waschmitteln, die schon lange keine Farben mehr schonen, sondern nur noch Colours protecten. Zumindest »Meister Proper« besitzt seinen höheren Berufsabschluss noch, wenngleich er nach seinen Vorbildern andernorts vermutlich auch bei uns bald nur noch »Mr. Proper« sein wird.

Wo das eines Tages hinführen könnte, zeigten die Reaktionen auf die Umbenennung von »Capri-Sonne« in »Capri-Sun« schon mal. So benannte Bierbrauer Astra in einer Twitter-Nachricht seinen »Urtyp« kurzerhand in »Ur-Guy« um. Ritter Sport spottete, seine Schokolade künftig als »Knight Sport« verkaufen bringen zu wollen. Und vielleicht überlegt auch Eckes-Granini demnächst, seinen 1958 eingeführten Apfelsinensaft »Hohes C« in »High C« umzutaufen. Den passenden Untertitel hätte die in Nieder-Olm ansässige Firma mit ihrem Wahlspruch »The best of Fruit« jedenfalls schon mal.

Nur manchmal, in wenigen Momenten ausgleichender Gerechtigkeit, schlugen sich die Sprachpanscher aus der Industrie mit ihren eigenen Waffen: So brachte der US-Milliardenkonzern Procter & Gamble vor bald dreißig Jahren ein Spülmittel namens »Fairy Ultra« zunächst ausschließlich auf den deutschen Markt. Das aber entwickelte sich hier derart erfolgreich, dass man plante, diese augenscheinlich so starke Marke auch außerhalb Deutschlands einzuführen. Nicht bedacht hatte man dabei lediglich, dass »Fairy« zwar der gängige englische Begriff für »Fee« oder »Elfe« sein konnte. Umgangssprachlich stand das Wort aber seit den Siebzigerjahren auch für »Tunte« – weshalb es »Fairy Ultra« schlussendlich weiterhin nur bei uns zu kaufen gab.

Weil Sportreporter auf einmal Quatsch erzählten

Es ist schon kurios: Manche Dinge, an die man sich eigentlich sehr gut erinnern müsste, weil sie noch gar nicht so lange her sind oder durchaus eine gewisse Bedeutung für das eigene Leben besaßen, verschwammen im Laufe der Jahre. Und andere, vollkommen nebensächliche Ereignisse, waren noch so präsent, als seien sie gestern erst passiert. Eine jener Belanglosigkeiten, die mir immer wieder im Kopf herumschwirrten, war das Vorrundenspiel zwischen Deutschland und Österreich bei der Fußballweltmeisterschaft 1982. Das Aufeinandertreffen fand an einem milden Juniabend statt; es war ein Freitag, mein Vater hatte die Verwandtschaft eingeladen, den Grill angeschmissen und den Fernseher auf die Terrasse gestellt. Für mich waren solche Anlässe stets ein großes Fest, ich war ein nicht ganz achtjähriger Bub, und wenn bei uns zu Hause mal etwas los war, fand ich das immer ungemein aufregend. Das Spiel selbst war zum Vergessen, es ging als »Nichtangriffspakt von Gijón« in die Geschichtsbücher ein. Aber der Kommentar von Eberhard Stanjek faszinierte mich so sehr, dass danach für mich zumindest bis zur neunten oder zehnten Klasse feststand, als mein künftiger Beruf komme überhaupt nur Sportreporter infrage.

Stanjek hatte schon kurz nach dem Anpfiff eine düstere Ahnung. Er sprach von einem ominösen Mann mit einem Geldkoffer, von dem man im Umfeld der beiden Mannschaften munkelte – und dass man höllisch achtgeben müsse, was heute noch alles auf dem Spielfeld passiere. Seine Sätze waren prägnant, spannend und selbst für mich verständlich – nur dass sie weniger nach Fußball klangen, sondern eher nach einer Folge der »Drei Fragezeichen«, die ich vor dem Einschlafen immer hörte. Ich begriff nicht, was da auf dem Rasen vor sich ging und freute mich aufrichtig über das Tor von Horst Hrubesch, so wie sich ein Kind eben über ein Tor der eigenen Elf freute. Auch mir war klar, dass dieses Ergebnis beiden Ländern reichte, um eine Runde weiterzukommen, und tatsächlich passierte nach diesem Treffer: nichts mehr. Je langweiliger das Geschehen auf dem Rasen wurde, umso gebannter hörte ich zu, was Stanjek darüber erzählte. »Die Mannschaften müssen aufpassen, dass sie sich die Sympathien nicht für lange, lange Zeit in der Fußballwelt verscherzt haben«, drohte er im weiteren Verlauf des Spiels, als immer deutlicher wurde, worauf die Sache hinauslaufen würde. »Das, was uns hier geboten wird, riecht nach Schiebung«, schnaubte er kurz darauf. »Das Einzige, was man bewundern kann, ist die Kaltschnäuzigkeit der zweiundzwanzig Profis da unten, trotz aller Proteste dieses Spiel in dieser Art und Weise über die Zeit zu bringen«, ärgerte er sich noch. Sein Fazit lautete: »Ich gehöre nicht zu denen, die morgen sagen, was soll's – wir sind eine Runde weiter. Das, was hier geboten wurde, ist schlicht und einfach eine Schande.« Und dann schwieg er. Es war, das kann man so sagen, ein Tiefpunkt für den deutschen Fußball – aber eine Sternstunde für die Sportberichterstattung.

Mich faszinierte, wie jemand, der im Grunde genommen dasselbe sah wie die Menschen auf den Rängen oder daheim vor dem Fernseher, in kurzer Zeit so viele Informationen vermitteln konnte. Eberhard Stanjek kommentierte das Geschehen nicht nur, er interpretierte es, zog seine Schlüsse und machte es für die Zuschauer nachvollziehbar. Er tat dies mittels einer verständlichen Sprache und verwendete dabei weder Plattheiten noch Floskeln und schon gar keine Modebegriffe von anderswo. Nach diesem Abend träumte ich davon, eines fernen Tages selbst mit einem Kopfhörer und einem Mikrofon auf der Tribüne zu sitzen und den Leuten zu Hause nicht nur von einem Spiel zu berichten, sondern ihnen ebenfalls mein Wissen weiterzugeben, das ich mir zuvor angeeignet hatte. Von da an hörte ich jeden Samstagnachmittag »Heute im Stadion«, die Bundesliga-Schaltkonferenz, was meine Begeisterung für das Sportreportertum weiter steigerte. Im Radio kam es noch stärker darauf an, wie anschaulich ein Kommentator etwas beschrieb, selbst wenn es auch nur ein Einwurf an der Mittellinie war. Auch hier war Stanjek im Einsatz, aber auch Manfred Breuckmann, Werner Hansch, Günter-Peter Ploog, Wilhelm Johannsson oder Jochen Hageleit zuzuhören, war ein reines Vergnügen. Sie schrien, sie jubelten, sie lamentierten, sie schimpften – und bei all dem waren sie mein Auge und brachten das Geschehen aus fernen Stätten wie den Stadien in München, Dortmund, Hamburg oder Bremen direkt in mein Kinderzimmer. Ich bekam jedes Mal eine Gänsehaut, wenn ich mein kleines Kofferradio kurz vor halb vier auch nur anschaltete, ganz gleich, wer da gegeneinander spielte.

Mit meiner Faszination für diesen besonderen Beruf war ich natürlich nicht alleine: Kaum etwas hatte sich so sehr ins gemeinsame Bewusstsein der Deutschen eingeprägt wie die unvergesslichen Worte von Herbert Zimmermann anlässlich der Übertragung des WM-Endspiels von 1954. Selbst diejenigen, die damals noch lange nicht auf der Welt waren, kannten die Formulierungen von Turek, dem Teufelskerl und Fußball-Gott; von den letzten sechs Minuten im Wankdorf-Stadion, in denen keiner wankte, aber der Regen unaufhörlich herniederprasselte; von Schäfers Zuspiel zu Morlock, das von den Ungarn noch abgewehrt wurde und von Rahn, der aus dem Hintergrund schießen musste. Es war nicht allzu weit hergeholt, dass ohne Zimmermanns berühmter

Radioreportage die gesamte Nachkriegsgeschichte womöglich etwas anders verlaufen wäre. Es war nicht nur der Sieg der deutschen Mannschaft an sich, sondern es war auch die Ansprache dieses Reporters, die zur weiteren Entwicklung eines Landes beitrugen, das neun Jahre zuvor buchstäblich vor den Trümmern seiner gesamten Existenz gestanden hatte.

Seitdem ist vieles passiert mit dem Fußball im Allgemeinen, aber auch mit der Kunst, darüber zu berichten. Erst zogen nach und nach immer mehr Phrasen in den Sprachschatz der Reporter ein. Wenn ein Klub in der Liga ganz gut dastand und aus den sonstigen Wettbewerben noch nicht ausgeschieden war, konnte man viel Geld darauf verwetten, dass Woche für Woche davon gesprochen wurde, dass man noch auf »allen drei Hochzeiten tanzte«. Ein frühes Tor bedeutete den »Auftakt nach Maß«, der »Pokal hatte seine eigenen Gesetze«, hinten »brannte es lichterloh«, ein »Tor tat dem Spiel gut« – und wenn keines fiel, war zumindest der »Kasten sauber«. »Sechs-Punkte-Spiele« gab es auch nach Einführung der Drei-Punkte-Regel nicht, aber sie tauchten an jedem Spieltag gleich mehrfach auf. Der Torhüter hatte keinen Taktstock und »dirigierte« dennoch seine Mauer. Wenn kein Pass beim Mitspieler ankam, musste man eben »über den Kampf zum Spiel finden«. Der »Star« war in mittelmäßigen Vereinen gerne »die Mannschaft«, die bestenfalls gleich »die Räume eng machen« sollte, um es danach »mit der Brechstange zu versuchen«. Nie hörte ich die Herren Stanjek, Breuckmann oder Hansch davon sprechen, dass »die Null stehen« musste, es sich bei einem besonders entschlossenen Spieler um ein »Mentalitätsmonster« handelte oder ein Tor, das sich »angedeutet hatte«, zu einem »psychologisch ungünstigen Zeitpunkt« fiel. Die drei wussten eben noch, dass sich Tore nicht ankündigten und der Zeitpunkt für ein Gegentor nie besonders günstig war.

Man kann es nur vermuten, aber offenbar war der Bedarf an guten Sportreportern plötzlich schlichtweg größer als das Angebot. Sprachlich jedenfalls bewegten sich spätestens seit der Einführung des Bezahlfernsehens – von Beginn an unnötigerweise »Pay-TV« genannt, aber das nur nebenbei – und der damit einhergehenden Übertragungsflut, die sich in manchen Wochen über alle sieben Tage erstreckte, beinahe alle Kommentatoren in Gefilden, in denen es beim Zuhören wehtat. Aber es wurde noch schlimmer. Auf einmal meinten manche Berichterstatter, mehr von der Taktik zu verstehen als die Trainer und Spieler und spickten ihren Wortschatz mit Begrifflichkeiten, die gerne aus dem Angelsächsischen entliehen waren und uns Laien daheim ein enormes fußballerisches Fachwissen suggerierten, ohne dass wir nachvollziehen konnten, ob dem wirklich so war.

Plötzlich tauchte etwa die sogenannte »falsche Neun« im Wortschatz der Protagonisten auf, die in der englischen Premier League längst als »false Nine« Karriere gemacht hatte. Gemeint war dort wie hier ein Spieler, der als einzige Spitze aufgestellt war, sich aber immer wieder zurückfallen ließ – übrigens genau wie Nándor Hidegkuti bereits im WM-Endspiel 1954, nur dass der von Herbert Zimmermann noch »Mittelstürmer« genannt wurde. Auch den wunderbaren Begriff »Bananenflanke«, der physikalisch genau beschrieb, welche Flugkurve der vorwiegend von Manfred Kaltz getretene Ball nahm, gab es nicht mehr. Stattdessen wurde das »runde Leder«, das heutzutage ausschließlich aus Kunststoff besteht, in den Strafraum »hineingechipt« – wenn es sich denn überhaupt noch um einen Strafraum handelte und nicht um die »Box«, wie das englische Modewort für den guten, alten Sechzehner heißt, in dem man dann im Idealfall keine Torgelegenheit erhält, sondern »zum Abschluss kommt«, was ebenfalls eine Anlehnung aus dem Englischen ist; so wie sich auch Formulierungen wie »Sinn machen« statt »Sinn ergeben« oder »realisieren« statt »verwirklichen« längst ins Deutsche eingeschlichen haben.

Übte eine der beiden Mannschaften auf die andere schon ab der Mittellinie gehörigen Druck auf den Gegner aus, war vonseiten der Schlauberger an den Mikrofonen erst von »Forechecking« und später von »Pressing« die Rede, und Jürgen Klopp ist es zu verdanken, dass man seit einigen Jahren gar vom »Gegenpressing« sprach. Von »Trash Talk« auf dem Spielfeld war früher auch nie die Rede gewesen, selbst wenn sich zwei Gegner einmal fürchterlich in die Haare gerieten. Und seitdem neuerdings aufgeregt die »Crunch Time« beschworen wird, wenn die Schlussphase eines Spiels oder gar einer gesamten Saison anbricht, wünscht man sich, Harry Valérien oder Rudi Michel würden mal eben einen kleinen Blitz auf den Übertragungswagen herunterschicken.

Dasselbe galt für sprachliche Trends, die sich verbreiteten wie ein Flächenbrand. Seit bei der Fußballeuropameisterschaft 2016 ein bis dahin außerhalb seiner beschaulichen Heimat völlig unbekannter nordirischer Spieler namens Will Grigg von den Anhängern seines Landes auf den Tribünen mit dem selbst erdachten Lied »Will Grigg's on Fire«, auf Deutsch etwa »Will Grigg brennt vor Ehrgeiz« gefeiert wurde, konnte man sicher sein, dass fortan in jedem vom Fernsehen übertragenen Spiel irgendein Aktiver »on Fire« war, wenn er denn nur überdurchschnittlichen Einsatz zeigte.

Das »schnelle Umschaltspiel« verbreitete sich derweil ebenfalls von der Champions League bis in die unteren Klassen, zumindest in den Berichten der übertragenden Rundfunksender und Fernsehanstalten. Spieler »ziehen« Fouls, auch wenn sie einfach nur böse umgetreten werden, und wenn ein Torwart nicht nur auf seiner Linie stehenbleibt, sondern auch mal ein paar Schritte nach vorne tätigt und dem Ball entgegengeht, handelt es sich bei ihm mit ziemlicher Sicherheit um einen sogenannten »Antizipationskeeper«. Vokabeln wie »One Touch Football« für das schnelle Kurzpassspiel sind auch bei uns längst allgegenwärtig, und wenn der von Pep Guardiola geprägte Begriff »Tiki-Taka« nicht so possierlich wäre, müsste man eigentlich ob der inflationären Verwendung desselben in Tränen ausbrechen. Erklärt wird uns das ganze Kauderwelsch, das vermutlich jede Menge Fachwissen vortäuschen soll, dafür leider nur ganz selten.

Dabei ist unser geliebter Fußball noch immer ein recht einfacher Sport. Es geht ums Toreschießen vorne und ums Toreverhindern hinten, und wenn ausnahmsweise keine Absprache zwischen zwei Mannschaften zu vermuten steht wie weiland 1982 in Spanien, dann muss man auch nichts in ihn hineininterpretieren und Sprachungetüme kreieren, um sich möglichst wichtig zu machen. Wenn man dann nicht mehr weiter weiß, ruft man zur Not einfach »Hui« oder »Ooooh«, wie Fritz von Thurn und Taxis das in brenzligen Situationen gerne tat, das war zwar auch keine besonders große sprachliche Leistung, aber zumindest nicht so aufschneiderisch wie bei den Kollegen. Man muss dabei nicht einmal witzig sein wie etwa Heribert Faßbender, der einst konstatierte, das Ergebnis laute zwar 1:1, es hätte aber genauso gut andersherum stehen können. Wobei: Auch das war wenigstens ein Satz, an den ich mich noch Jahre später erinnerte. Einen solchen hatte ich in einer Fußballreportage wirklich schon lange nicht mehr gehört.

Weil Media-Agencys so gerne Ideas deliverten

Lange Zeit verstand ich nicht, weshalb wir spätestens seit Anfang der Neunzigerjahre immer öfter englischsprachige Werbebotschaften zu sehen und zu hören bekamen. Es war doch eine urdeutsche Brauerei, die mit der »Becks-Experience« auf sich aufmerksam machen wollte. Adidas unterstützte die eigene Nationalmannschaft und erklärte auf großen Plakaten trotzdem: »Impossible is nothing«. Der seit 1871, immerhin dem Jahr der deutschen Reichsgründung, bestehende niedersächsische Reifenhersteller Continental bewarb seine Erzeugnisse auch bei uns mit »Do it with German Engineering«. Und Mercedes Benz druckte in seine Anzeigen für Kompaktfahrzeuge neuerdings die mir gänzlich unbegreifliche Behauptung »Grow up. Drive«. Auf Deutsch hieß das »Aufwachsen. Fahren«, aber damit wurde dieser Leer-Satz auch nicht verständlicher. Dabei war es doch früher gar kein Problem, dass Signal vor Karies schützte, Jacobs Kaffee die Krönung der schönsten Stunden war und bei Dr. Oetker Qualität das beste Rezept darstellte. Selbst bei an sich amerikanischen Marken wie den damals neu eingeführten »M&Ms« schmolz die Schokolade im Mund und nicht in der Hand – und sagte zu »Daim« keiner Nein. Seit ich jedoch einen Bekannten habe, der bei einer Werbeagentur arbeitet, weiß ich, warum das nicht mehr recht funktioniert mit der deutschen Sprache und der Reklame: Sie haben sie einfach verlernt!

Zumindest vermute ich das, seit mir mein Bekannter erzählt hat, wie es dort tatsächlich zugeht. Es fing schon damit an, dass er sich nicht bewerben konnte, sondern ein »Assessment Center« durchlaufen musste. Als er dies überstanden und der »Director of Human Ressources« ihn eingestellt hatte, überkam mich für einen Augenblick der Neid: In unserer Kindheit hatten wir immer Detektiv gespielt, und während ich lediglich ein einfacher Bücherschreiber geworden bin, durfte er sich nun »Junior Brand Agent« nennen, was durch den geheimdienstlich klingenden Zusatz wirklich aufsehenerregend klang! Als dennoch eher einfacher Agent war er dem CMO unterstellt – dem »Chief Marketing Officer« –, der vom COO, dem »Chief Operating Officer«, seine Anweisungen erhielt, welcher sich an den Vorgaben des CVO, des »Chief Visionary Officers« zu orientieren hatte. Ganz oben hatte aber dann doch der CEO das Sagen – der berüchtigte »Chief Executive Officer«, der in grauen Vor-Manager-Zeiten mal ein Vorstandsvorsitzender gewesen war.

Im Zuge dessen bemerkte mein Kumpel bald, dass es sich bei seinem neuen Arbeitgeber gar nicht um eine Werbeagentur handelte, wie er anfänglich dachte, sondern um eine »Media Agency«. Das war zwar im Prinzip genau dasselbe. Weil man dort jedoch für international tätige Top-Konzerne wie einen österreichischen Marmeladenproduzenten arbeitete, war die globale Ausrichtung auch die Sprache betreffend nur logisch. Möglicherweise deshalb hieß der Firmensitz im Bürosprech großspurig »Head Office«. Das befand sich zwar leider nicht in der New Yorker Madison Avenue, dafür aber am Rande eines Zweihundert-Einwohner-Dorfes vor den Toren unserer Stadt, weil man dort eine Menge Gewerbesteuern sparen konnte. »Consumer-orientiert« ließ sich von dort aus aber trotzdem wirtschaften.

Der Architekt des Gebäudes schien ein netter Mann gewesen zu sein, jedenfalls hatte er es laut Auskunft des »Office Managers« in »smarter« Bauweise errichtet, was wiederum bei näherer Betrachtung lediglich bedeutete, dass sich die Sonnenschutzrollos je nach Lichteinstrahlung automatisch auf- und abbewegten. Die einzelnen Arbeitsplätze befanden sich in einem »Open Plan Room«, der für Nichteingeweihte freilich frappierende Ähnlichkeit zu jedem anderen Großraumbüro aufwies. Ebenfalls neu für mich war der »Creative Space«, der nur für ungebildete Laien wie eine auf dem Gang befindliche Sitzgruppe mit verschiedenfarbenen Kissen aussah, sich im täglichen »Workflow« indes als »Meeting Point« für alle knapp dreißig »Employees« entpuppte, die dort gerne mal eine »Coffee Break« einlegen konnten, sich aber auch zum gemeinsamen »Brainstorming« treffen sollten, um am besten eine »High Level View« auf das aktuelle Projekt zu gewinnen, weil die reine Draufsicht anscheinend nicht ausreichte. Ziel war es, möglichst viele »Ideas zu delivern«, wie auf der firmeneigenen Homepage allen Ernstes zu lesen stand. Immerhin durfte – um die »Work-Life-Balance« möglichst ausgeglichen zu halten – jeder Angestellte einmal pro Woche einen »HOD« einlegen, also einen »Home Office Day«. Von daheim aus arbeiten aber war absolut verpönt.

Nach einigen Wochen voller enthusiastischer »Performance« begann mein Bekannter, seine eigene Sprache der Ausdrucksweise in der Agentur anzupassen. Erst war er stolz darauf, dass sein Lebenslauf nicht zu »gestreamlined« erschien, weil er einst sein BWL-Studium abgebrochen und kurzzeitig als Zeitungszusteller gearbeitet hatte, bevor er zum Agenten wurde. Dann redete er auf einmal von »leveragen«, wenn er sagen wollte, dass er seine Kenntnisse gezielt einsetzte oder von »challengen«, wenn er Dinge einer kritischen Prüfung unterzog. Er betonte, sich mittlerweile in seinem Urteil gerne schnell zu »committen«, was ihn in den Augen seiner Vorgesetzten bestimmt bald zu einem »Enabler« machte, der sich dadurch eine hohe »Credibility« bei den »Customers« verschaffte. Mir schwirrte beim Zuhören der Kopf, aber vermutlich konnte der arme Kerl gar nichts dafür – in seiner »Media Agency« redeten wirklich alle so.

Auch im Leistungskatalog der Firma, deren eigentlicher Name sogar noch béscheuerter klang als der prahlerische Zusatz, der aus rechtlichen Gründen hier aber nicht genannt werden darf, fanden sich viele sicherlich ganz tolle Dienste, deren tieferen Sinn ich nicht verstand: Zunächst einmal kümmerten sich die Mitarbeiter um den, die oder das »Research«, bei dem es sich vermutlich früher mal um die Marktforschung handelte, die als solche aber nur halb so bedeutsam wirkte. Es gab eine Abteilung für »Classic Advertising«, man war ja schließlich im sprachlichen Holozän mal eine Werbeagentur gewesen, weshalb das einstige Kerngeschäft auch jetzt das »Core Business« blieb. Des Weiteren existierte ein Bereich für »Digital Advertising«, der sich unter anderem ums »Ad Trafficking« und »Ad Targeting« kümmerte. Ein »Department« für »Influencer Marketing« kümmerte sich wohl um irgendwelche Anstrengungen in den sozialen Netzwerken. Ebenso nebulös erschien die Aufgabenstellung der »Unit« für »Ambient Media«, die mit ihren »Stunts« vorwiegend auf Flughäfen, Messen und Stadien einen möglichst »hohen Impact« erzielen sollte. Aber sicherlich waren auch da ganz tolle »On- und Off-Pager« am Start, die stetig »Keywords« analysierten und effizienzorientiert »Controlling« betrieben – oder so ähnlich. Die »Business-Strategie« ließ sich auf alle Fälle ganz einfach ablesen – an den »Responses«, den »Leads«, den »Conversions« und der »Loyality«. Es war zum Verzweifeln!

In dieser Hinsicht war der Arbeitgeber meines Bekannten natürlich kein Einzelfall, im Gegenteil: In kaum einer anderen Branche ist das sprachliche Wichtigtuertum derart ausgeprägt wie hier. Wer sich auf den Webseiten der rund elftausend in Deutschland aufgeführten Werbeagenturen umsieht, wähnt sich gelegentlich auf einem fernen Planeten, so verworren und aufgeblasen ist die Sprache, die dort vorherrscht. Obwohl die meisten Anbieter ausschließlich auf dem einheimischen Markt tätig werden, meinen sie beinahe zwanghaft, Internationalität vorgaukeln zu müssen. Warum aber ein mittelständischer Betrieb seine Außendarstellung lieber von irgendeiner selbsternannten »Innovation Group« mit all ihren »Account Managern«, »Project Managern« oder »Sales Managern« sowie ihren »Consultants«, »Art Directors«, »Graphic Designers« oder »Copywriters« entwickeln lässt, wird ein ewiges Rätsel bleiben.

Zumindest ist es kein Wunder, wenn angesichts dessen dann zum Beispiel beim Schweizer Mode-Filialisten Charles Vögele, dessen Niederlassungen nahezu ausschließlich in deutschsprachigen Ländern beheimatet sind, der unsinnige Spruch »Create yourself – love Life« herauskommt. Zur Komplettierung dieses sprachlichen Unsinns fehlt im Prinzip nur noch, dass das Unternehmen demnächst in »Charlie Littlebird« umbenannt wird. Wie auch immer: Als Begründung – oder Rechtfertigung – für die vielen englischen »Claims« und »Slogans«, die verstärkt seit rund dreißig Jahren an uns immer verständnislosere Kunden gerichtet werden, wird von den Verantwortlichen oft angegeben, man wolle durch die Verwendung solcher »Buzzwords«, also Modewörter, unsere Aufmerksamkeit gewinnen. Dabei beißt sich hier die Katze in den Schwanz: Der Anglizismenanteil in unserer Reklame ist inzwischen so hoch geworden, dass sich der – ohnehin niemals wissenschaftlich oder empirisch erwiesene – Effekt, dadurch lasse sich das Interesse potenzieller Käufer steigern, gar ins Gegenteil verkehren könnte: Schon vor vielen Jahren ergab die Untersuchung eines Marktforschungsinstituts, dass von zwölf englischen Werbesprüchen nur ein einziger wirklich von den Adressaten verstanden wurde. Diese Quote hat sich angesichts neuerer Botschaften wie »Driven by Instinct«, »Enjoyment matters« oder »Unbox your Phone« vermutlich nicht verbessert. Im Übrigen erscheint die Aufforderung, das neue Samsung-Telefon doch bitte schön auszupacken, eine wenig zielführende Reklame. Wie sollen wir es sonst auch benutzen?

Mein Bekannter indes ist in seiner »Media Agency« dann doch nicht glücklich geworden. Das lag allerdings weniger an der seltsamen Spra-

che, die er während seiner Tätigkeit immer häufiger verwenden musste. Sondern daran, dass sein Brötchengeber passend zur hauptsächlich
angelsächsischen Ausdrucksweise auch ein dazu passendes angloame-
rikanisches Geschäftsprinzip namens »Up or out« anwandte, von dem
er bis dato zwar gehört hatte, aber nicht wusste, was es im Klartext bedeutete. Jetzt weiß er es: Er wurde nach seiner Probezeit nämlich nicht
befördert, wie er es erwartet hatte. Sondern entlassen.

Weil manches Wort vom Grundsatz her keinen Sinn ergab

Mit der Jugend und ihrem Umgang mit unserer Sprache war das so eine Sache: Wohl keine Generation seit der zweiten Lautverschiebung unterhielt sich untereinander auf dieselbe Weise wie die vorherige, und vermutlich hat selbst der kleine Goethe seinen Eltern Johann Caspar und Catharina Elisabeth den ein oder anderen kessen Spruch entgegnet. Zumindest aus späteren Tagen ist von ihm ein Zitat überliefert, das belegt, wie sich die Ausdrucksweisen der verschiedenen Altersstufen schon zu seiner Zeit unterschieden: »Ich hör' es gerne, wenn die Jugend plappert. Das Neue klingt, das Alte klappert«, schwärmte er – und meinte die frischen, unverbrauchten Begriffe, die durch den Einfallsreichtum junger Menschen in den Sprachsatz gelangten.

Das wiederum hat sich bis heute nicht geändert. Seit 1996, als das Institut für Deutsche Sprache die sogenannten Neologismen erstmals katalogisierte, kamen mehr als siebenhundert Begriffe neu hinzu, darunter die Verben »aufbrezeln«, »abhängen« oder »abzocken«. Natürlich fielen auch Wörter unter diesen Oberbegriff, auf die wir gerne verzichtet hätten, das »Handy« etwa, »downloaden« oder das »Reality-TV«. Dennoch gab es immer wieder witzige Einfälle, die durchaus eine sprachliche Bereicherung für unser Vokabularium bedeuteten. Seit 2008 kürte die Redaktion des Langenscheidt-Verlages aus diesem Grund gar das »Jugendwort des Jahres«, mit dem man die besondere Kreativität von Jugendlichen würdigen wollte. Wer immer meinte, etwas aufgeschnappt zu haben, das ausschließlich oder vorwiegend von unter Achtzehnjährigen verwendet wurde, konnte dieses Wort einsenden – heraus kamen dabei zuletzt rundheraus ausgefallene Begriffe wie »Vollpfostenantenne« für einen Foto-Haltestab oder »Hopfensmoothie« für ein Bier.

Diese Bezeichnungen waren natürlich unterhaltsam, ebenso wie die in den Jahren zuvor mit in den Siegerlisten aufgeführten Ausdrücke »Gammelfleischparty« (für eine Ansammlung älterer Jahrgänge), »Niveaulimbo« (für das Absinken des allgemeinen Bildungsgrades), »Assistempel« (für eine Tätowierung) oder »Senfautomat« (für einen unverbesserlichen Klugscheißer). Dennoch durften bei dieser öffentlichkeitswirksam vorgetragenen Auswahl leise Zweifel angebracht sein, ob sich Halbwüchsige im Alter von dreizehn, vierzehn oder fünfzehn Jahren tatsächlich so verständigten. Ich jedenfalls schwöre beim Geist des seligen Konrad Duden, noch nie in meinem Leben einen Jugendlichen getroffen zu haben, der einen Studenten als »Menschen mit Immatrikulationshintergrund« bezeichnete oder einen übermäßigen Mobiltelefonbenutzer als »Smombie«, wie uns die Langenscheidt-Redaktion glauben machen wollte.

Abseits dieser womöglich also eher virtuellen sprachlichen Realität entwickelte sich allerdings eine Form der Jugendsprache, die auch unserem toleranten Geheimrat und Weltliteraten sicherlich nicht gefallen hätte – die absichtlich falsche Benutzung von Begriffen, die sich vor allem durch den Gebrauch in den sozialen Netzwerken rasend schnell verbreitete. Es begann mit dem umgangssprachlichen Ausdruck »isso«, einer abgewandelten Kurzform der Redewendung »So ist es«, der in den vergangenen Jahren immer häufiger auftauchte, wenn eine Zustimmung zu etwas geäußert wurde. Als Liedtitel des deutsch-polnischen Sängers Mateo Jaschik geadelt, schaffte es »isso« dann 2014 gewissermaßen sogar in die Schriftsprache.

Ein weiteres dieser bewusst verkehrten Worte war »vong«, das mir erstmals in der SMS-Nachricht eines guten Bekannten begegnete. Es war letztes Jahr im Frühling, die Tage zuvor waren warm und sonnig gewesen, nun aber zogen Schneeschauer über unsere Region, und ein im Freundeskreis lange geplanter Biergartenbesuch fiel den Witterungsbedingungen zum Opfer. Und so las ich auf dem Bildschirm meines Telefons die frustriert klingende Frage: »Was ist denn das für 1 Kälte vong Wetter her?« Ich stutzte kurz, maß dem Ganzen allerdings keine weitere Bedeutung bei. Schließlich wusste ich, wie viele Fehler sich beim Tippen der vielen oberflächlichen Kurzbotschaften einschlichen, die wir uns ständig hin- und herschickten, und außerdem war mein Kumpel orthografisch noch nie eine große Leuchte gewesen. Einige Tage später aber tauchten sowohl die »1« als auch das seltsame »vong« erneut gemeinsam auf: Ausgerechnet die altbackene Stadtsparkasse warb für ihre privaten Alterssicherungsmaßnahmen mit dem Zusatz »1 gute Bank vong Vorsorge her«. Das konnte nun kein Zufall mehr sein.

Meine Nachforschungen ergaben, dass das merkwürdige »vong« sowie die Ziffer »1« in diesem Zusammenhang wohl erstmals auf einer Facebook-Seite mit dem Titel »Nachdenkliche Sprüche mit Bilder« in Erscheinung traten, die immerhin rund dreihundertvierzigtausend Nutzer erreichte. Die Macher persiflierten darauf die sogenannten »Memes«, womit die meist aus einem Foto sowie einem Sinnspruch bestehenden, banalen Bekenntnisse gemeint waren, mit denen sich manche Menschen in den sozialen Netzen den halben Tag vertrieben. Diese in der Regel nichtssagenden Meldungen wurden hier mit absichtlich falscher Grammatik und Rechtschreibung versehen, um die Satire auf die Spitze zu treiben. »Was für 1 Nacht vong Schlaf her« hieß es dort zum Beispiel, wenn ein zerwühltes Bett gezeigt wurde oder »Das Menü war nix vong Essen her« unter einem leeren Teller und so weiter.

Das Problem war nur, dass das, was auf der Seite als Witz gemeint war, von vielen Jugendlichen nicht als solcher verstanden wurde. Und auch die Verwendung der Zahl »1« als Ersatz für den unbestimmten Artikel war nur dann lustig, wenn man auch wusste, dass es diesen überhaupt gab. Mein Bekannter – und vermutlich sehr viele andere Internetnutzer – vernahmen weniger die subtile Botschaft hinter dem »vong«. Stattdessen nahmen sie dieses Kunstwort ernsthaft und vor allem so schnell in den eigenen Wortschatz auf, dass sich der Begriff binnen eines Jahres vollkommen verselbstständigte. »Kann ich dich anrufen vong Zeit her?«, fragen seitdem manche, während andere wissen wollen, ob man sich gerade »in 1 Beziehung befindet vong Liebe her?«.

Prompt gab es weitere sprachliche Nachfolgephänomene, angesichts derer sich jeder Deutschlehrer mit einem halbwegs ausgeprägten Berufsethos am liebsten entleiben würde: Das Wörtchen »bim« ersetzte nahezu alle Konjugationen des unregelmäßigen Verbs »sein«, der Konsonant »m« seinen Kollegen »n«, während sich andere, teils noch wüstere Buchstabendreher zur ohnehin schon fortschreitenden Degeneration der Internet-Sprache erschwerend hinzugesellten. Sätze wie »Hasd du dem Fermbediemumg?« »Halo meim Freund, i bims« und ähnlicher Buchstabenmüll eroberten erst Facebook und Co. – und dann unsere Umgangsprache. Auch Kofferworte wie »räuzen« – von »rotzen und schnäuzen« – oder »Trahre« von »tragen« und »Bahre« erinnerten mehr und mehr an die Ausdrucksweise, der wir uns seit dem Kleinkindalter entwachsen glaubten. Das aber war nicht »intrissant«, sondern eher »gfehrlich«. Denn wer nur häufig genug »Epfel« und »Birmen«, »Hetzimfarkt« oder »Dokter« las, der vergaß vielleicht ja wirklich irgendwann, wie diese Wörter tatsächlich geschrieben wurden – falls er es denn je wusste.

Im Gegensatz zu leidlich originellen Begrifflichkeiten wie »Fleischdesigner« für Schönheitschirurg, »Gehirnfasching« für eine abwegige Idee oder »Eckenkind« für eine freudlose Person, die zwar mit ziemlicher Sicherheit kein junger Mensch je benutzte, die aber zumindest auch unserem geschätzten Herrn Goethe gefallen hätten, gilt für diesen fragwürdigen sprachlichen Trend, dass nicht alles, was uns im Internet begegnet, es wert ist, verbreitet zu werden. Doch wahrscheinlich ist es für diese Mahnung längst zu spät und es wächst 1 Generation heran, deren grammatikalische Fehigkeiten jede Beschraibum spottn. Uns dagegen bleibt nur, die weitere Endwicklum in Auge zu behaltn – und zwar vong Grundsatz her. Isso!

Weil der Eismann doch keinen Respekt verdiente

Die Lieder meiner Kindheit waren selbstverständlich allesamt Deutsch. Mehrsprachige Kindertagesstätten, in denen man ab einem Alter von achtzehn Monaten neben der Muttersprache auch noch mindestens Englisch, Französisch und Mandarin spielerisch erlernen sollte, gab es zum Glück noch nicht. Nicht, dass wir uns falsch verstehen: Natürlich ist es nie verkehrt, erwirbt man von klein auf und ohne großen Leistungsdruck Kenntnisse, die einem im späteren Berufsleben einmal nützlich sein können. Angesichts des wenig erbaulichen Zustandes unseres Deutsch indes wäre es wünschenswert, erst einmal nachhaltig hieran zu arbeiten, bevor man jeden Knirps zu einem polyglotten Karrieristen erziehen möchte. Ich jedenfalls lernte unsere Sprache auch dadurch, dass der Fuchs die Gans gestohlen hatte, alle Vögel schon da waren oder ein Häschen in der Grube saß und schlief, sodass es dummerweise nicht vor dem Hund weghüpfen konnte. Das war zwar keine große Lyrik, aber es half ungemein, Zusammenhänge zu verstehen und neue Begriffe in den eigenen, bislang überschaubaren Wortschatz aufnehmen zu können.

Etliche Jahre später spielte meine Muttersprache zugegebenermaßen keine besonders große Rolle mehr bei meiner Musikauswahl. Wer Mitte der Achtzigerjahre in der vierten, fünften oder sechsten Schulklasse nicht als rückständiger Spießerspross gelten wollte, der kam nicht umhin, sich vorwiegend dort umzuhören, wo jede Woche die wirklich angesagten Lieder aufgeführt waren: in den »Charts«, wie die verschiedenen Bestenlisten schon damals genannt wurden. Und die waren – bis auf eine kurzzeitige Ausnahme während der sogenannten »Neuen Deutschen Welle« – fast durchweg von Musik mit englischsprachigen Texten dominiert.

In meinem ersten Jahr nach der Grundschule eroberte eine Gruppe aus Österreich halb Europa mit einem eingängigen Titel, der auch einen des Englischen noch lange nicht mächtigen Elfjährigen wie mich vollauf begeistern konnte: »Live is Life«. Wir sangen die Zeile Hunderte, ach was: Tausende Male auf dem Pausenhof, auf dem Heimweg, bei den Hausaufgaben und abends vor dem Einschlafen im Bett. Es war der erste »Hit« meines Lebens, ein wirklicher »Treffer«, wie die deutsche Übersetzung dieses längst gängigen und eigentlich recht passenden Anglizismus lautete. Dass die Jungs von Opus bei genauer Betrachtung einen ziemlichen Nonsens zusammengedichtet hatten, verstand ich freilich nicht. Für mich klangen Melodie und Text einfach nur toll: »Live is Life, when we all give the Power, when we all give the Best. Every Minute of an Hour, don't think about the Rest. Then you all get the Power, you all get the Best. When everyone gives everything and every Song everybody sings: Then it's live, live is Life« – wenn das nicht der Hammer war, dann wusste ich auch nicht mehr weiter.

Hätten Opus damals gesungen: »Leben ist Leben, wenn wir alle unsere Stärke geben, geben wir alle das Beste. Jede Minute einer Stunde, denke nicht an den Rest. Dann bekommt ihr alle die Stärke, ihr alle bekommt das Beste. Wenn jeder alles gibt und jeder jedes Lied singt: leben ist Leben« oder so ähnlich – dann hätte ich mit ziemlicher Sicherheit nicht über Wochen hinweg mein gesamtes Taschengeld angespart, um mir für in jenem Alter nahezu unerschwingliche fünfzehn Mark die gesamte Langspielplatte zu kaufen. Aber was konnte man erwarten von ein paar jungen Kerlen aus der Steiermark, die überhaupt nicht den Anspruch hatten, musikalische Weltliteratur zu verfassen, sondern einfach nur ein paar Verse auf ihre großartige Tonfolge zu legen. Was ich nicht ahnte, war, dass diejenigen, die Englisch eigentlich perfekt beherrschen sollten, es keinen Deut besser machten.

»I want your Sex« hauchte etwa George Michael einige Zeit später zu schwülstigen Rhythmen, und wir – die wir gerade in die Fänge der Pubertät geraten waren – fieberten beim Zuhören beinahe vor Aufregung. In Zeiten, in denen das Höchstmaß an für Heranwachsende zugänglicher Obszönität das aufklappbare Mittelposter im »Playboy« darstellte, war ein Lied, das schon im Titel ein solches Schlüsselwort enthielt, natürlich eine Grenzüberschreitung – und entsprechend attraktiv. Auf Deutsch wäre die Sache vermutlich weitaus weniger gefällig gewesen. Hätte Mister Michael also gesungen: »Ich brauche keine Bibel, schau einfach in meine Augen. Ich habe so lange gewartet, jetzt, wo wir Freunde sind. Jeder Mann hat seine Geduld, und hier endet meine«, wäre er für uns mit ziemlicher Sicherheit ein ebenso altbackener Barde gewesen wie die damals in Vergessenheit geratenen Kollegen Rex Gildo, Michael Holm oder Jürgen Marcus, die allenfalls noch bei unseren Großeltern punkten konnten. Im Endeffekt jedoch sangen diese Herren nicht nur seit Jahrzehnten über dasselbe Thema. Ihre Inhalte besaßen in etwa auch denselben intellektuellen Tiefgang.

Noch augen- oder besser gesagt: ohrenfälliger, wie ungerecht wir mit unserer Muttersprache in musikalischer Hinsicht umgingen – beziehungsweise wie kritiklos wir englische Texte unweigerlich als abwechslungsreicher erachteten –, wurde es, wenn deutsche Künstler sich anschickten, in der für viele Menschen auf einmal so faszinierenden Fremdsprache zu dichten. Drafi Deutscher, der tatsächlich auch mit bürgerlichem Namen so hieß und diesem lange Zeit gesanglich alle Ehre machte, versuchte sich nun beispielsweise mangels sonstiger

Nachfrage ebenfalls als Interpret eines englischsprachigen Liedes. Dass in seinem bis dahin größten Erfolg »Marmor, Stein und Eisen bricht« die grammatikalisch korrekte Pluralform von Texter Günter Loose um des Reimes willen kurzerhand außer Acht gelassen wurde, weshalb sich der Bayerische Rundfunk zunächst weigerte, das Stück zu spielen, sei beiden Herren verziehen: Das dichterische Adäquat zu »brechen« wäre im Zusammenhang mit der zwingend notwendigen »Liebe« wohl zu schwer umzusetzen gewesen. Zumindest fiel auch mir nicht ein, wie man dieses Gefühl etwa mit »stechen« oder »zechen« in Einklang hätte bringen sollen.

Um des schieren Kommerzes willen aber nannte sich der aus einer angesehenen Musikerfamilie stammende Deutscher jetzt »Mixed Emotions« – und trällerte darin mit wohl wirklich gemischten Gefühlen: »Ich kann es in deinen Augen sehen, ich kann es in deinem Lächeln sehen: Du willst Liebe. Du brauchst sie so stark, und ich brauche sie auch. Ich kann es aus deinem Herzen fühlen, und ich wusste es von Anfang an: Du willst Liebe. Lass es uns nur für eine Nacht tun.« Hätte ich das damals genau so verstanden, hätte ich noch während der ersten Zeile mein Radio aus dem Fenster geworfen. Dagegen war selbst die von Costa Cordalis irgendwo alleine in Mexiko aufgegriffene Dame namens »Anita« mit ihren schwarzen Haaren und den sternenklaren Augen von geradezu bemerkenswerter sprachlicher Anmut.

Und es ging in diesem Stile weiter: Dieter Bohlen, der als Erfinder, Komponist und Texter von »Modern Talking« sagenhafte hundertzwanzig Millionen Tonträger verkaufte, landete mit »You're my Heart, you're my Soul« einen Welthit – und gab später selbst an, den Text binnen einer halben Minute verfasst zu haben. Auch wenn es wahrscheinlich dann doch ein bisschen länger gedauert haben dürfte – auf die Sequenz »Du bist mein Herz, Du bist meine Seele. Überall wohin ich gehe, passe ich auf, dass es weiterhin glänzt. Du bist mein Herz, Du bist meine Seele. Ich werde dich ewig halten und mit dir zusammenbleiben« hätte kaum die halbe Welt in jenen Tagen getanzt; von den

Nachfolgern »Bruder Ludwig«, einer ominösen »Kirschendame« und einem gewissen »Geronimo«, der einen Cadillac fuhr, ganz abgesehen. Alphaville aus Münster teilten uns mit, dass alles ganz einfach sei, wenn man nur in Japan groß wäre (»Big in Japan«). David Hasselhoff suchte im vom deutschen Produzenten Horst Nußbaum erdachten »Looking for Freedom« unaufhörlich nach seiner Freiheit. Der in Nürnberg beheimatete Captain Hollywood konnte nichts mehr ertragen (»I can't stand it«) – und dass die immer wieder einem unbekannten Mädchen gegenüber aufgestellte Beteuerung, dass es wahr sei, ziemlicher Quatsch war, hätte man sich im Falle von »Girl you know it's true« schon angesichts des infantilen Gruppennamens »Milli Vanilli« denken können. Man tat es nur nicht! Es war, als blendeten die englischen Texte unseren Verstand aus, der gleichzeitig bei den silbernen Träumen, die der Junge mit der Mundharmonika besang, heftig rebellierte. Logisch war das irgendwie nicht.

Höchstens aus Sicht der Verfasser natürlich. Denn es war natürlich viel leichter, sich mit deutschen Formulierungen zu blamieren als mit englischem Material, das sich oftmals mehr schlecht als recht reimte, aber keinerlei Sinn ergab, von den meisten Hörern allerdings nie hinterfragt wurde – sei es aus Unkenntnis oder aus Gleichgültigkeit. Die Hinwendung zur englischsprachigen Popmusik fiel bei uns im Vergleich zu Ländern wie Spanien, Italien oder Frankreich auch deshalb so bedeutsam aus, weil wir uns niemals die Mühe machten, zu übersetzen, was uns in all den Jahrzehnten um die Ohren gehauen wurde. Wir wollten gar nicht richtig zuhören, was sehr schade war. Und auch, obwohl sehr viel sprachlicher Humbug auch von internationalen Künstlern auf uns einprasselte, blieben die englischen Textzeilen von deutschen Interpreten in ihrer Absurdität doch unerreicht: Der Schweizer DJ Bobo etwa sang einmal »Sometimes I am nice, sometimes I am ice cold« und hoffte dabei bestimmt, dass sich kein englischer Muttersprachler im Publikum befand. Der Sänger der Gruppe »Fool's Garden« aus Pforzheim sah immerzu einen gelben Zitronenbaum, obwohl er seinen Kopf im

Kreis drehte (»Lemontree«). Und »French Affair« aus Heikendorf im Landkreis Plön ließen ihre Frontfrau vortragen, dass ihr Herz beim Herumlaufen auf der Straße andauernd klopfe (»My Heart goes Boom«). Das war alles so seicht, dass selbst eine Ameise darin nicht hätte ertrinken können.

Die deutsche Techno-Formation »Scooter« schoss mit ihren Einfällen gleichwohl sprachlich den Vogel ab. Das Lied »Weekend« etwa begann mit der Zeile: »Seine geht aus zu jedem vor Ort! Klänge des Gleisangreifers! Gehen Sie geradeaus! Hier kommt der Küken-Vernichter.« Um so etwas zu verfassen, musste man entweder komplett umnachtet oder aber ein unerkanntes Genie sein. Da aber Hans-Peter Geerdes alias H.P. Baxxter, der Kopf hinter der Gruppe, dank weiterer selbst erdachter Stücke wie »Wie viel kostet der Fisch?« (»How much is the Fish?«), »Scheiß aufs neue Jahrtausend« (»Fuck the Millennium«) oder »Maria hat kein Lamm« (»Mary got no Lamb«) zum Multimillionär wurde, kann er so viel nicht falsch gemacht haben. Oder, um es in seinem eigenen Versmaß zu sagen: »Respect to the Man in the Ice Cream Van«! Immerhin, das als tröstliches Fazit, ist seit dem Beginn des neuen Jahrtausends ein Aufschwung an deutschsprachiger Musik zu verzeichnen. Zahlreiche einheimische Musiker geben sich inzwischen sehr viel Mühe beim Verfassen ihrer Texte und verstehen die Arbeit in ihrer Muttersprache als künstlerische Herausforderung. Selbst Sarah Connor, die einst plumpe Anzüglichkeiten wie »Let's get back to Bed, Boy!«, »One Night Stand« oder »Skin on Skin« trällerte, waren die von ihren Produzenten erdachten Albernheiten wie »Gotta learn Biology, the pleasure of the Bird and the Bees. Checking out Geography, Position of the female Body« zu blöd und wandte sich mit großem Erfolg der deutschen Sprache zu.

Und das zahlte sich nicht nur für sie sogar aus: Im Juni 2015 bestanden die ersten zehn Plätze der hiesigen Album-Hitparade aus deutschsprachigen Künstlern – zum ersten Mal überhaupt, seit im Jahr 1953 derartige Verkaufsdaten erstmals erfasst wurden. Dass sich darunter auch Helene Fischer befand, bei der sich die »Nacht« grundsätzlich auf »erwacht« reimte und dazu noch einige Vertreter des Hip-Hop-Genres mit ihrer äußerst vulgären und brutalen Sprache, war in diesem Zusammenhang nicht weiter schlimm: Zumindest verstanden wir jetzt öfter, was uns die Interpreten eigentlich sagen wollten. Und mit diesem Sprachverständnis lässt sich ein Lied viel schneller – einfach abschalten …

Weil ein gelbes Gesicht keine Kommunikation ersetzen konnte

Nicht zu Unrecht lautet die sinngemäße Übersetzung des lateinischen Begriffs »Grammatica« die »Kunst des Schreibens«, und wer diese beherrschen wollte, der musste sich wohl oder übel unter anderem durch ein gutes Dutzend Wortarten deklinieren, die entsprechenden Artikel benennen, regelmäßige und unregelmäßige Verben konjugieren und vier Fälle auseinanderhalten können. So war das viele Jahrhunderte lang – bis zur Erfindung der SMS. Deren nicht gerade förderliche Wirkung auf unsere Grammatik ist hinlänglich bekannt: Seit wir uns vor rund zwei Jahrzehnten die ersten der damals noch auf hundertsechzig Zeichen beschränkten Kurznachrichten hin- und herschickten, reduzierten sich insbesondere die Zeichensetzung sowie die Groß- und Kleinschreibung zunächst auf ein Minimum, bevor diese einstmals ehernen Regeln von den meisten Nutzern schließlich komplett ignoriert wurden. Und wenn wir ein Wort ausnahmsweise noch richtig schrieben, erledigte häufig die Autokorrektur den Rest und machte aus »packen« kacken oder aus »gekocht« gekotzt. Was Schafe war.

Erstaunlicherweise änderte sich der orthografische Niedergang auch dann nicht mehr, als es uns die moderne Mobilfunktechnik ermöglichte, ganze Romane zu versenden; wir also gar nicht mehr gezwungen waren, uns in diesen elektronischen Botschaften möglichst knapp zu fassen – was anfangs vermutlich der eigentliche Auslöser für die ganze Misere gewesen ist, deren Folgen selbst Germanistikprofessoren unter ihren Studenten beobachten können. Unfassbare zweihundertfünfzig Milliarden Nachrichten übermitteln wir uns inzwischen alleine in Deutschland jährlich, und so paradox es klingt, haben wir bei dieser neuen Lust, miteinander zu kommunizieren, irgendwie das Schreiben verlernt. Doch während zunächst nur monströse Satzgebilde ohne Punkt und Komma entstanden, Substantive ohne die Auffälligkeit ihres Anfangsbuchstabens auskommen mussten und Wörter einfach so geschrieben wurden, wie man sie eben aussprach, droht nun durch die harmlos dreinkommende Erfindung eines phantasievollen Japaners tatsächlich auf lange Sicht die Verkümmerung unserer gesamten Verständigung.

Shigetaka Kurita hieß der freundliche Mann, der schon Ende der Neunzigerjahre für seinen Arbeitgeber, einen asiatischen Mobilfunkanbieter, an einem Projekt arbeitete, das die Darstellungsfähigkeiten von Telefonbildschirmen optimieren sollte. Gerade hatten sich zur damaligen Zeit die sogenannten »Emoticons« etabliert – dem Begriff nach ein aus »Emotion« und »Icon« gebildetes Kofferwort, das man in etwa mit »Gefühlsbilder« übersetzen konnte. Bei näherer Betrachtung handelte es sich dabei um gewöhnliche Punkte, Striche und Klammern, die jedoch in der eigenartigen SMS-Sprache mittels entsprechender Zusammensetzung auszudrücken vermochten, ob man gerade traurig, fröhlich oder erstaunt war. Kurita mochte diese simplen Kürzel, die in den Nachrichten ganze Wörter ersetzten – und weil er beruflich ohnehin mit nur wenige Pixel umfassenden Grafiken experimentierte, tüftelte er an Symbolen, die mehr darstellen konnten als die bloßen Satzzeichen bisher.

Nach monatelanger Arbeit gelang es ihm schließlich, zunächst ein Bildchen mit einer Sonne und ein weiteres mit einem Regenschirm zu programmieren – zur Verwendung für einen optisch darstellbaren Wetterbericht, den die Kunden künftig auf ihren Telefonen empfangen sollten. Sonne und Schirm sahen noch etwas unbeholfen aus, aber sie waren die Vorläufer der heutigen »Emojis«, denen seinerzeit schnell hundertvierundsiebzig weitere Muster folgten: ein Schneemann und ein Blitz, ein Telefon, Musiknoten, ein rotes Herz oder eine gelbe Banane, eine Kamera, ein Schiff, Sternzeichensymbole und ein Fernseher zum Beispiel. Damit konnte man seine Kurznachrichten plötzlich aufpeppen und wirkungsvoll mit kleinen Illustrationen garnieren, zumindest in Japan. Anderswo funktionierte die von Kurita ausgetüftelte Ziffern- und Zeichenkombination, aus der die Grafiken bestanden, noch nicht.

Erst 2010, elf Jahre nach den ersten Entwürfen und im Computerzeitalter gewissermaßen eine halbe Ewigkeit später, existierte die technische Grundlage für eine weltweit einheitliche Kodierung. Der unaufhaltsame globale Siegeszug der kleinen Gesichter und ihrer ebenso abstrakten Verwandten begann. Sogleich führten die großen Anbieter wie Samsung oder Apple für ihre Endgeräte die ersten wirklichen Emojis ein, deren Name sich wiederum aus den japanischen Bezeichnungen für »Bild« und »Buchstabe« zusammensetzte: niedliche und zumeist gelbe Köpfe, die lachten oder weinten, wütend oder traurig waren, die zweifelnd dreinblickten, verängstigt schienen oder ein Auge zudrückten. Dazu kamen leicht verständliche Zeichen für alle Arten von Alltagsgegenständen vom Wasserhahn bis zum Briefkasten, Lebensmittel wie Obst, Gemüse oder ein Stück Pizza, Sportgeräte wie Fußbälle, Tennisschläger und Schlittschuhe, alle erdenklichen Tiere und Pflanzen sowie jede Menge Quatsch-Symbole wie ein Halloween-Kürbis, ein grinsendes Teufelchen, ein Gespenst, das die Zunge herausstreckte – oder ein Signet, das binnen weniger Jahre zum international beliebtesten Emoji aufstieg, obwohl sich einige Gerätehersteller zunächst weigerten, es in ihre Grafikbibliothek aufzunehmen: ein lachender Kothaufen. Rund zweitausendsiebenhundert solcher Embleme gibt es gegenwärtig, mit jeder Aktualisierung des jeweiligen Betriebsprogramms kommen neue dazu, und die Kombinationsmöglichkeiten wachsen derweil ins Unendliche!

Die logische Folge davon war, dass, je mehr Varianten in den Nachrichtendiensten unserer Mobiltelefone verfügbar waren, wir uns umso weniger Wörter schrieben. Dafür lernten wir recht schnell, wie wir ganze Dialoge mit möglichst umfangreicher visueller Garnierung gestalten konnten und somit Botschaften kreierten, die aussahen wie infantile Comics, denen die Sprechblasen fehlten. Glaubhafte Liebesbekundungen, die vom Verfasser einst ein Quantum bisweilen anstrengender Kreativität erforderten, wenn sie etwa in einem leidenschaftlichen Brief offenbart werden sollten, waren nun dank des umfangreichen Angebots an Emojis viel einfacher. Wer gelbe Gesichter versandte, die anstelle von Augen zwei Herzen besaßen, einen Kussmund machten oder gleich ein Paar übermittelte, das Händchen hielt, brauchte nicht mehr zu überlegen, wie er die Gefühle für einen anderen Menschen am wirkungsvollsten ausformulieren konnte – die Dinger sprachen für sich. Ähnliches galt für negative Empfindungen wie Wut, Trauer oder Einsamkeit, die man sich dereinst womöglich in einem Tagebuch von der Seele schrieb oder einem Vertrauten wenigstens erzählte. Es waren doch vor allem unsere Emotionen, die immer wieder in Gedichten, Romanen, Briefwechseln oder Liedtexten sprachliche Sternstunden hervorriefen und die selbst bei Normalbegabten oft das Innerste zum Vorschein brachten. So aber sah das nicht besonders geistreich aus.

Auch banalere Bekundungen wurden auf die reine Zeichensprache reduziert: Geburtstagskinder, die in grauer Vorzeit womöglich noch eine handgeschriebene Karte erhielten und später zumindest eine SMS mit persönlichen Wünschen, sahen sich nun einem Sammelsurium an Symbolen ausgesetzt, die auf jeden Fall die Emoji-Kombination Geschenk, Torte, Kleeblatt und Blumenstrauß enthielten. Zum

Jahreswechsel kopierte man für all seine Kontakte die obligatorische Silvester-Nachricht, bestehend aus Rakete, Sektflasche und diversen Gläsern mit alkoholhaltigen Getränken – und erhielt im Zweifel dieselbe Zusammensetzung als Antwort zurück. Anstelle einer Zustimmung gab's nurmehr den erhobenen Daumen, Verabredungen für Kino- oder Rummelplatzbesuche kamen ebenso ohne Wörter aus wie Hinweise auf einen Friseur- oder Arzttermin. Und wenn einem gar nichts mehr einfiel, blieb immer noch ein neutrales Emoji, es gab sie zuhauf auch ohne einen näher definierbaren Gesichtsausdruck. Ein gewisser Einfallsreichtum der Benutzer ließ sich immerhin nicht leugnen: So entwickelten Jugendliche eine Art unverfängliche Kodierung für alle Arten von Geschlechtsverkehr. Der Pfirsich sollte hierbei den weiblichen Po symbolisieren, die Aubergine den Penis oder drei Regentropfen einen, nun ja, sexuellen Höhepunkt. Ob das aber den Verlust an sprachlicher Vielfalt aufwog, sei dahingestellt.

Die hochangesehene Redaktion des angesehenen Oxford Dictionary schien in den allseits gefälligen Bildschirm-Zeichnungen, die sich in den sozialen Netzwerken ebenso zügig verbreiteten wie im Mobilfunk, erstaunlicherweise keinerlei Gefahr für die Sprache zu sehen – im Gegenteil: 2014 kürte sie das sogenannte »Heul-vor-Glück-Smiley«, das offiziell die Kennziffer U+1F602 trug, sogar zum »Wort des Jahres« in Großbritannien – wohlgemerkt das Zeichen an sich, nicht die Bezeichnung! Zur Begründung hieß es, dass Emojis zu einer wichtigen Form der Kommunikation geworden seien, mittels der alle sprachlichen Grenzen überwunden werden könnten. Das mag bei mit allerlei lustigen Bildchen bestückten Botschaften, die zwischen verschiedenen Kontinenten verschickt werden und keinerlei Sprachbarrieren mehr unterliegen, womöglich sogar zutreffen. Angesichts dessen, dass die kleinen Kerlchen Schätzungen zufolge aber inzwischen rund 40 Prozent der gesamten diesbezüglichen Dialoge ausmachen, darf man sich aber trotzdem ein paar Sorgen machen, was sprachlich mit einer Generation passiert, deren schriftlicher Brückenschlag zueinander vorzugsweise aus 😊, 😕 oder 😠 besteht. Wer die Internet-Seite Emojitracker.com aufruft, auf der anhand der Plattform »Twitter« in Echtzeit die Verwendung aller gängigen Grafiksymbole aufgezeigt wird, muss jedenfalls ein starkes Gemüt besitzen, um beim Betrachten nicht ohnmächtig umzufallen. Immerhin einen Vorteil besitzen die nahezu wortlosen Nachrichten der Gegenwart fraglos aber doch: Grammatikalische oder orthografische Fehler sind kaum noch darin enthalten.

Shigetaka Kuritas hundertsechsundsiebzig erste Entwürfe, die Ur-Emojis sozusagen, sind dagegen mittlerweile im New Yorker »Museum of Modern Art« zu sehen – sie gelten jetzt offiziell als Kunst. Wohl auch, weil sie von der technischen Wirklichkeit längst überholt wurden und geradezu historisch anmuten in ihrer groben Struktur. Bleibt nur zu hoffen, dass dort zwischen all den Bildern von schemenhaften Robotern, unscharfen Pfeilen und verpixelten Autos nicht eines Tages auch sechsundzwanzig seltsame und ebenfalls sehr altmodisch aussehende Symbole ausgestellt werden, an die sich nur die Älteren noch erinnern können und die einmal sehr wichtig für unsere Kommunikation gewesen sind – als man noch Buchstaben dafür brauchte.

Quellen

www.absolventa.de/Denglisch-Wörterbuch

Amadeu Antonio Stiftung, Veröffentlichungen

Automobilwoche, Dezember 2016

www.barbierblog.com

Besch, Werner: Luther und die deutsche Sprache. 500 Jahre deutsche Sprachgeschichte im Lichte der neueren Forschung. Erich Schmidt Verlag (2014)

www.boe-messe.de

Bohmann, Stefanie: Englische Elemente im Gegenwartsdeutsch der Werbebranche. Tectum Verlag (1996)

Burmasova, Svetlana: Empirische Untersuchung der Anglizismen im Deutschen, University of Bamberg Press (sic!) (2010)

www.derwesten.de/Von Fußball und Affenbrötchen, 04.04.2016

DUDEN Deutsches Universalwörterbuch (2006 und 2016)

www.faz.net

www.futurezone.at/Emoji-Forschung

www.geo.de

www.gfds.de/Neuer-Wortschatz

www.hauttatsachen.de

Heimann, Ralf/Homering-Elsner, Jörg: Lepra-Gruppe hat sich aufgelöst – Perlen des Lokaljournalismus. Heyne-Verlag (2015)

Hogen, Hildegard: Duden-Wortfriedhof: Wörter, die uns fehlen werden (2012)

www.journalistik-journal.lookingintomedia.com

www.kn-online.de/News/150-Jahre-Kieler-Nachrichten

www.Manager-Magazin.de

www.markenfriedhof.de

www.meedia.de

Münchner Merkur, Ausgabe 26.11.2014

NEWS, Ausgabe 21/2014

www.planet-wissen.de

Rheinische Post, Ausgabe 25.10.2013

www.slogans.de – die Datenbank der Werbung

www.songtexte.com

www.spiegel.de

www.stories.moma.org

TZ, Ausgabe 23.09.2009

Verein Deutsche Sprache/Infobriefe

Verein für Sprachpflege e.V./Deutsche Sprachwelt, div. Ausgaben

Vogt, Verena/Rücker, Gudrun: 100 Prozent Jugendsprache. Langen-
scheidt Verlag (2017)

www.welt.de

Werkzeug – Das Internetarchiv von Heinz Rudolf Kunze: werkzeug.
heinzrudolfkunze.de

www.wikipedia.de